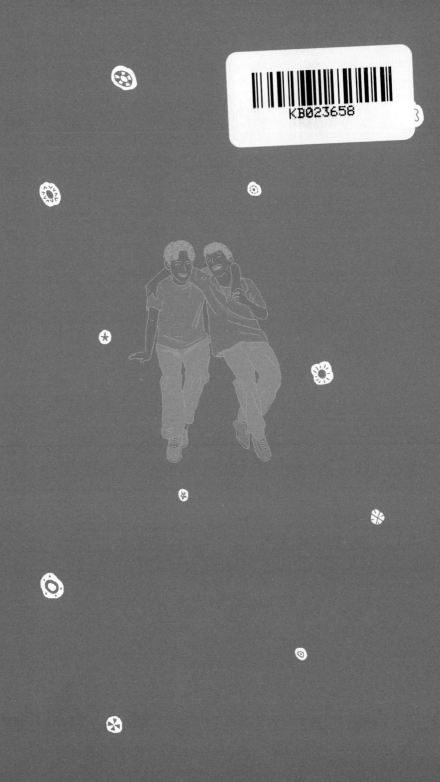

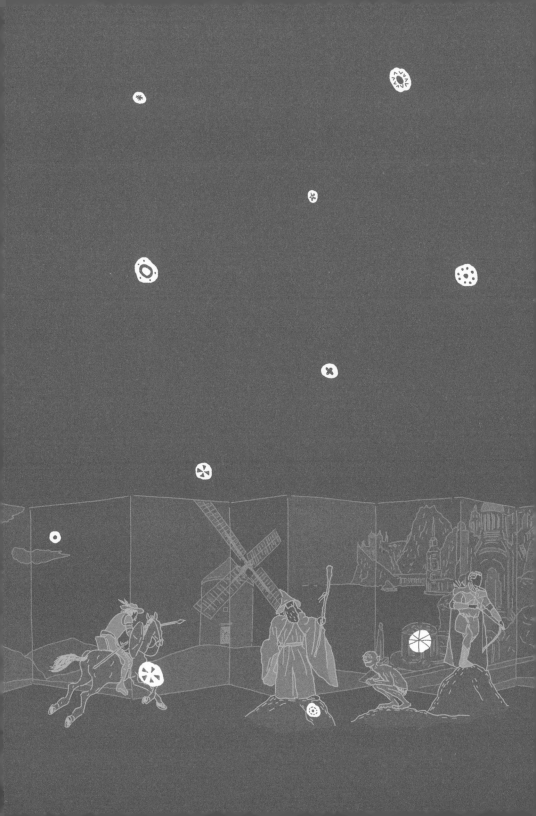

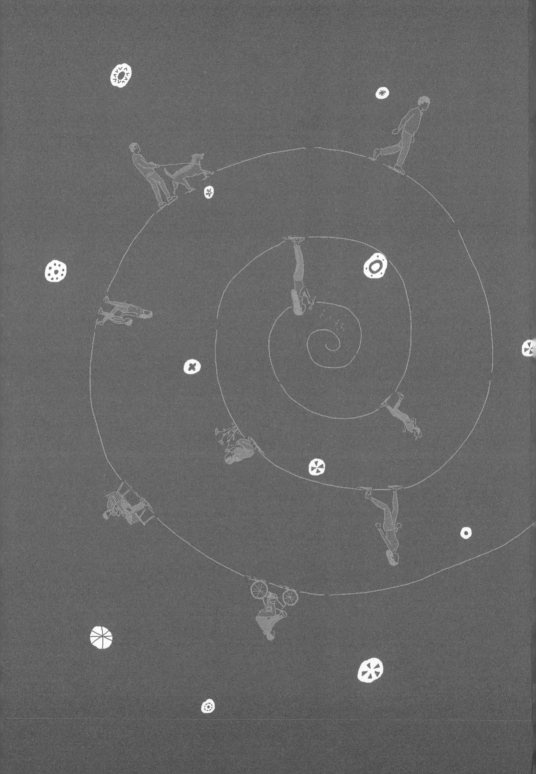

나는
내 편이니까

비행청소년 19

나는 내 편이니까

더 나은 내가 되고 싶은 10대를 위한 독서 테라피

초판 1쇄 발행 2020년 6월 5일
초판 2쇄 발행 2021년 5월 11일

지은이 **박현희** 그린이 **신병근**
펴낸이 **홍석** 이사 **홍성우**
인문편집팀장 **박월** 디자인 **신병근**
마케팅 **이가은·이송희·한유리** 관리 **최우리·김정선·정원경·홍보람**

펴낸곳 **도서출판 풀빛** 등록 1979년 3월 6일 제8-24호
주소 03762 서울특별시 서대문구 북아현로 11가길 12 3층
전화 02-363-5995(영업), 02-362-8900(편집) 팩스 070-4275-0445
홈페이지 www.pulbit.co.kr 전자우편 inmun@pulbit.co.kr

ISBN 979-11-6172-768-4 44020
ISBN 978-89-7474-760-2 44080(세트)

이 도서의 국립중앙도서관 출판예정도서목록(CIP)은 서지정보유통지원시스템(http://seoji.nl.go.kr)과
국가자료종합목록구축시스템(http://kolis-net.nl.go.kr)에서 이용하실 수 있습니다.
(CIP제어번호 : CIP2020020811)

비행청소년
19

박현희 글 | 신병근 그림

나는 나 편이니까

★ 더 나은 내가 되고 싶은 10대를 위한 독서 테라피 ★

풀빛

당신의 어떤 날을 위한 처방전

《데미안》이었다. 중학생이었던 나는 집에 돌아오자마자 허겁지겁 책을 펼쳤다. 그리고 학교에서 몇 페이지 읽었을 뿐인 그 책으로 빨려 들어갔다. 알 수 없는 어떤 힘이 나를 자꾸 책으로 잡아끌었다. 나는 속수무책으로 그 힘에 끌려 책으로 빠져들었다. 지금 기준으로 보면 그리 두꺼운 책은 아니었지만 활자는 작았고, 의미는 모호해서 읽기가 쉽지 않았다. 끝내 중간에 책을 덮을 수 없던 나는 밤새 책을 읽고 말았다. 중간중간 나를 사로잡는 문장들을 공책에 정성스럽게 베끼며 마지막 페이지까지 읽었을 때, 내 초라하게 작은 방 손바닥만 한 창문 너머로 스미는 새벽을 보았다. 그날 나는 처음으로 밤을 새웠다.

결국 한잠도 못 자고 학교에 갔는데, 이상한 흥분이 종일 나를 싸고돌

왔다. 몸이 둥둥 떠 있고, 마치 다른 세계에 있는 듯했다. 데미안과 싱클레어가 계속 곁에서 말을 걸었다. 훗날 남자 사람과 사랑에 빠지는 경험을 하면서, 그날 《데미안》을 읽으며 느낀 황홀이 사랑에 빠질 때 나타나는 극도의 흥분 상태임을 알았다. 사랑에 빠진 사람은 밤 새워 전화 통화를 해도, 매일 밤 데이트를 해도 피곤함을 모른다. 흥분을 자아내는 물질이 몸 안에서 퐁퐁 솟아나니까. 그런 사랑의 전율을, 나는 《데미안》으로 처음 겪었다.

《데미안》을 읽고 내가 《데미안》을 읽기 전의 나와 다른 존재가 되었다는 것을 느꼈다. 그리고 강렬한 예감이 찾아왔다. 내 생애 많은 날을 이렇게 책을 읽으며 보내리라는 예감. 책이 나를 꼼짝 못 하게 사로잡아 다른 세계로 인도하고, 기어코 읽기 전과는 다른 존재로 살아가도록 하리라는 예감. 예감은 적중했고, 나는 지금까지 책에 빠져 살고 있다. 운이 좋았다. 세상에는 좋은 책이 너무 많아서 한평생 책만 읽어도 읽을 책이 없어 절망스러울 일은 생겨나지 않을 테니까.

맛있는 것을 먹거나 좋은 풍경을 보면 좋아하는 사람이 떠오른다. 내 소중한 그이도 이것을 함께 누릴 수 있으면 좋을 텐데, 하는 마음이 들어 안타깝다. 나는《데미안》과 밤을 새우며 내가 누렸던 그 찬란한 행복을 내 소중한 사람들도 함께 누리기를 갈망한다. 그래서 '책 권하는 선생님'으로, '책 권하는 책을 쓰는 작가'로, '책 이야기를 나누는 독서클럽 운영자'로 살면서 많은 이에게 책을 권해 왔다.

문제는 독서가 당장 내 앞의 문제들을 해결해 주지 않는다는 것. 내 앞에는 늘 해결해야 할 문제가 쌓여 있으니 우리는 늘 다른 일에 정신이 팔릴 수밖에 없다. 절대반지처럼 영험한 효력을 가졌다며 책 읽기의 쓸모를 홍보하는 자기 계발서도 있지만, 그게 엄청난 뻥이라는 것을 알 정도의 깜냥은 누구에게나 있다. 그러니 책 권하는 일은 쉽지 않고, 읽지 않던 사람이 읽게 되는 기적도 흔치 않다.

좋은 소식 하나. 어려운 순간에 책에서 위안을 찾고, 희망을 찾고, 지혜를 찾는 사람이 여전히 존재한다. 어려운 그 순간 책을 찾는 사람은, 조금은 수월하게 그 고비를 넘길 수 있을 것이다. 더 좋은 소식 하나. 우리의 고통을 달래 줄 책은 반드시 있다. 책을 읽고 싶지만 어떤 책을 읽어야 할지, 어떻게 읽어야 할지 난감하기만 한 그대를 위해 이 책을 썼다.

《나는 내 편이니까》는 2016년부터《고교 독서평설》에 연재했던 글을 가려 뽑고 고쳐 써서 그대의 이런 날, 저런 날에 맞게 책을 처방하는 방식으로 다시 엮었다. 하지만 그대의 오늘이 어떤 날인지에 상관없이 아무 책이나 닥치는 대로 읽어도 좋겠다. 약은 남용하거나 오용하면 곤란하지만, 좋은 책은 함부로 많이 읽어도 절대 부작용이 없으니까.

양심상, 운명적인 그날 《데미안》을 밤 새워 읽을 수밖에 없던 또 다른 사정을 밝혀야 할 것 같다. 실은 그 책이 학교 도서관 책이었다. 책이 귀했던 그 시절에는 학교 밖으로 책을 빌려 갈 수가 없었는데, 싱클레어가 폼 잡느라 거짓말을 해서 궁지에 몰린 대목까지 읽은 나는 뒷부분이 견딜 수 없이 궁금해서 몰래 그 책을 가져왔다(고 쓰고 '훔쳤다'라고 읽는다). 내게는 밤을 새울 절박한 사정이 있었던 것이다. 다음 날 나는 무사히 책을 제자리에 돌려놓았고, 나의 범행은 누구에게도 발각되지 않았다. 마침내 마음껏 책을 빌려주는 도서관의 시대에 살게 되었으니, 복되도다.

차례

 1부
어떻게 시작해야 할지
막막할 때

2부
내 마음대로 되지 않는 세상과
화해하고 싶을 때

3부
더 좋은 세상에서
살아가고 싶을 때

4부
더 나은 내가
되고 싶을 때

1부

어떻게 시작해야 할지
막막할 때

시작하는
날

엉뚱한 꿈이

널 좋은 곳으로

데려갈지도 몰라

크리스 길아보
《쓸모없는 짓의 행복: '내가 하고 싶은 일'을 찾아낸 사람들》

100개의 도시를 달려 볼 테야

내 꿈은 100개의 도시에서 달리기를 해 보는 것이다. 지금까지 서울, 부산, 순천, 조치원, 제주, 서귀포, 상하이, 프라하, 빈, 부다페스트, 잘츠부르크, 삿포로, 런던, 리스본, 포르투, 바르셀로나에서 달려 보았다. 20개도 채우지 못했다. 언제 이 꿈을 이룰지는 모르겠지만, 여행이나 출장을 갈 때 일단 러닝화를 챙기고 본다. 기회가 오면 언제라도 달리려고.

여기까지 읽으면 내가 달리기를 엄청나게 잘하는 사람이라거나 운동을 하루라도 거르면 입에 가시가 돋는 운동광이라는 오해를 낳을 수도 있기에 미리 자백한다. 나는 잘 달리는 사람도 아니고 엄청 열심히 달리는 사람도 아니다. 일주일에 한두 번, 3~5킬로미터를 아주 천천히 달릴 뿐인 생활 러너다. 게다가 일이 벌어진 순서도 중요한데, 일단 생활 러너가 된 다음 100개 도시 달리기를 꿈꾼 것이 아니라 100개 도시 달리기를 꿈꾸고 보니 그런 꿈을 이루려면 평소에 조금씩이라도 달려 두어야 할 것 같아서 생활 러너가 되었다.

시작은 엉뚱하고 충동적이었다. 지난여름 유럽의 세 나라, 네 개의 도시를 여행하기 위해 여행 전 짐을 꾸리다가 갑자기 '아침마다 숙소 근처

를 달려 보면 좋겠다'는 생각이 떠올랐다. 어쩌면 할 수 있을지도 모른다는 생각에 운동화를 트렁크에 넣고 길을 떠났다. 그러나, 프라하에서 처음 맞는 아침, 긴 비행과 시차로 녹초가 된 나는 가벼운 마음으로 달리기를 생략했다. 달리기를 하지 않았다고 무슨 나쁜 일이 생기는 것도 아니니까.

하지만 하루 일정을 마치고 숙소로 돌아와 짐을 정리하면서 트렁크에 쓸쓸히 웅크린 운동화를 보자 내일은 꼭 실행해 보자는 생각이 마음 한구석에서 온몸으로 번졌다. 오늘의 나는 달리고 싶지만, 내일 아침의 나는 달리고 싶지 않을 수도 있기에 나는 좀 더 영리하게 행동하기로 마

음먹었다. 나는 잠들기 전에 아침의 게으른 나를 설득할 장치를 마련했다. 러닝화는 현관 앞에 두고, 달리기를 할 때 입을 옷을 잠옷 삼아 입고 잔 것이다. 아침에 눈을 뜨고 내가 할 일은 그냥 현관 앞에 놓아 둔 러닝화를 신고 거리로 나가는 것뿐이었다.

일단 거리로 나가자 달릴 수 있었다. 그날 아침 나는 프라하의 오래된 거리를 달렸고, 거리의 풍경은 달리는 내 몸에 새겨졌다. 그 기분이 너무나 굉장했기에 나는 다음 날도, 그다음 날도 달릴 수 있었다. 그렇게 세 개의 나라, 네 개의 도시에서 달렸다. 부다페스트의 강변을 달리면서 결심했다. 앞으로 100개의 도시에서 달려 보겠다고. 2018년 여름이었다.

'100개 도시 달리기' 프로젝트에 대한 이야기를 들은 사람들의 반응은 크게 두 가지로 나뉜다. 첫 번째 반응은 "대단하다", "멋지다" 하는 감탄이다. 두 번째 반응은 "왜?"이다. 첫 번째 반응보다는 두 번째 반응이 훨씬 많다. "왜?"라는 짧은 반문에는 여러 가지 의미가 담겨 있다. 그렇게 해서 무엇을 얻을 수 있겠느냐, 그런 쓸모없는 짓을 하는 이유가 무엇이냐 등등. 내가 무슨 대답을 할 수 있겠는가. 어느 날 갑자기 여행지에서 뛰어 보고 싶다는 생각이 들었고, 해 본 결과 꽤나 즐거웠으니 앞으로도 계속할 수 있도록 내게 목표를 부여했다는 것이 '100개 도시 달리기' 프로젝트의 전말일 뿐이다.

만약 내가 열심히 달리기를 해서 건강해지려고 한다, 살을 빼고 날씬해지려고 한다, 유튜브에 올려서 유명해지려고 한다 등의 이유를 말할 수 있었다면 "왜?"라는 질문을 던진 사람들을 흡족하게 해 주었을지도 모른다. 문제는 내게 그런 '실용적인 이유'가 하나도 없다는 것. 100개 도시를 달리기 위해 평소에도 조금씩(정말 조금씩!) 달리며 이전보다 분명 건강해지기는 했지만, 결과적으로 그렇게 되었다는 것이지 그게 100개 도시를 달리고 싶은 이유는 아니니까.

그냥 하고 싶어서 했을 뿐

100개 도시 달리기에 대해 "왜?"라고 물었던 사람들에게 나 대신 좋은 답을 들려줄 책을 만났다. 크리스 길아보의 《쓸모없는 짓의 행복》(고유라 옮김, 더퀘스트, 2016)이다. 이 책은 그냥 그렇게 하고 싶다는 생각이 들었기 때문에 그 일을 해내는 사람들의 이야기이다.

크리스 길아보는 전에도 죽을힘을 다해 쓸모없는 짓을 한 경험이 있다. 그는 100달러를 밑천으로 세계를 여행하며 돈벌이를 했다. 큰돈을 벌지는 못 했지만 돈을 벌기는 벌었고, 덤으로 세상 사람들이 어떻게 살아가는지를 배운 이야기를 그의 전작 《100달러로 세상에 뛰어들어라》(강혜구 · 김희정 옮김, 더퀘스트, 2015)에 담았다. 《쓸모없는 짓의 행복》은 지구상의 모든 나라를 방문하겠다는 목표를 세우고, 정말로 그렇게 한 이야기이다. 자꾸 새로운 나라들이 생겨났다면 매우 곤란했겠지만, 다행스럽게도 크리스 길아보가 이 목표를 달성하는 동안 새로 생겨난 나라는 세 개였다고 한다. 크리스 길아보도 나처럼 계속 질문을 받는다.

"왜 그런 결심을 했나?"

거창한 명분을 만들어서 자신의 결정에 더 큰 의미를 부여할 수도 있겠지만, 크리스 길아보는 딱 잘라 말한다. 그냥 그렇게 하고 싶었다고.

"목표를 달성하자 무엇을 얻게 되었나?"

인생을 바꾸고 인류를 구원할 깨달음을 얻었다고 말하면 좋겠지만, 이에 대한 대답도 단순하다. 특별한 것은 없다. 그냥 목표했던 일을 달성했을 뿐이다.

《쓸모없는 짓의 행복》을 펼치면 이 세상 수많은 사람들이 벌인 '쓸모없는 짓'(이지만 실은 큰 의미가 있는 일)의 향연이 이어진다. 걸어서 미국 횡단하기, 1만 개의 모자 뜨기, 불법 벌목에 대한 저항으로 태즈메이니아의 나무 꼭대기에 올라가 1년 이상 생활하기, 열한 살짜리 조카와 함께 동남아시아 여행하기, 기계적인 탈것은 배제하고 17년간 침묵 지키기, 먼저 세상을 떠난 아내의 인생 리스트 완료하기, 1년간 매일 서로 다른 비영리단체에 10달러씩 기부하기….

가벼운 마음으로 일단 리스트부터 작성하자

이 글을 읽는 동안 나만의 '쓸모없는 짓'을 해 보고 싶어진 사람이 있을 테니《쓸모없는 짓의 행복》에서 권하는 목표 설정 방법을 알려 주겠다.

첫째, 구체적으로 설정해야 한다. 애매한 목표는 옳지 않다. 책을 많이 읽겠다고 하지 말고, 1년 동안 300권의 책을 읽겠다고 하는 것이 좋다. 구체적인 목표를 설정해야 목표를 성취하는 순간을 정확히 알 수 있다.

둘째, 제한을 두지 마라. 내가 진짜로 하고 싶은 것이 중요하다. 다른 사람이 했으니까 나도 한다거나, 이건 누가 봐도 멋진 목표니까 나도 해 보겠다는 것이 아니라, 정말로 내가 해 보고 싶은 것이어야 한다는 점이 중요하다. 도보로 아메리카 대륙을 횡단하는 것도 멋지지만 1만 개의 모자를 떠서 다른 사람을 돕겠다는 목표도 멋진 일이다.

셋째, 크게 생각하라. 이건 오랜 시간이 걸릴 인생 프로젝트이다. 현실을 생각할 필요가 없다. 100개의 모자 뜨기를 목표로 삼았던 사람이 1만 개의 모자 뜨기를 목표로 나아가고, 오늘 저녁 약속에 두 시간 동안 걸어서 갔던 사람이 17년간 자동차를 타지 않겠다는 목표를 실천하기도 하는 것이다. 나도 처음에는 50개 도시 달리기로 설정했다가 통 크게 해

1. 전 세계 모든
나라를 가 보기
2. 한 나라에서
1만 장의 사진 찍기
3. 개인 사진전 열기

보아야 할 것 같아서 100개 도시 달리기로 목표를 키웠다. 크리스 길아보는 이와 같은 목표들을 퀘스트(quest)라고 부른다. 탐구, 탐색이라는 의미를 가진 퀘스트라는 단어를 선택한 이유는, 짐작건대 이런 목표들을 설정하고 실천해 나가는 일이 자신의 정체성을 탐구하고 탐색하는 일과 연결되어 있다고 생각했기 때문일 것이다. 전 세계 모든 나라를 가 보려는 목표, 백만 장의 사진을 찍겠다는 계획, 역사상 가장 큰 규모의 교향악단을 창단하려는 소망…, 이런 무모한 듯한 목표와 계획이 직업/명함과 다른 자기 자신을 말해 주는 퀘스트라는 것이다.

어떤 동기, 어떤 경로로 퀘스트를 시작했는지는 중요하지 않다. 그러나 퀘스트를 시작하고 진지하게 그것을 실행하다 보면 우리에게는 세계를 바라보는 새로운 방식과 새로운 정체성이 생겨난다. 그전과는 다른 관계들이 형성되고, 다른 방식으로 삶을 마주 대할 수 있게 된다. 퀘스트를 가진 당신은 명함에 적힌 직업보다 중요한 의미를 가진 사람이 된다.

《쓸모없는 짓의 행복》을 읽었다면 '나의 인생 리스트'를 작성해 보면 어떨까? 그 리스트는 당신의 인생을 완전히 새로운 방향으로 이끌어 줄 수 있을지도 모른다. 리스트 작성 자체가 쓸모없다고 생각할 수도 있고, 어차피 이루지 못할 텐데 부질없는 짓이라고 생각할 수도 있겠지만, 가볍게 생각하자. 지금 당장은 리스트를 만드는 일부터 시작해 보자.

새로운 만남이
두려워지는 날

너 의

특 별 함 을

숨 기 지   마

이즈미야 간지
〈뿔을 가지고 살 권리: 열 편의 마음 수업〉

자기소개의 정석: 나는 평범한 사람입니다

우리는 새로운 사람들을 만나면 자기소개라는 것을 한다. 자기소개는 은근히 부담스럽다. 학기 초에 한 명씩 순서대로 일어나 자기소개를 하라고 요구하는 선생님이 원망스럽기까지 하다. 그 순서라는 것도 번호 순서이거나 앉아 있는 자리 순서인 경우가 많은데, 학기 초에는 대체로 번호 순서대로 앉기 마련이니 이거나 저거나 큰 의미는 없다. 번호가 1번 즈음이거나 끝번 근처인 사람은 더 곤혹스럽다. 처음은 처음이라 어렵고, 마지막은 마지막이라 어렵다.

난감하다. 잠시 잠깐의 시간, 몇 개의 문장으로 자기 자신을 의미 있게 소개하는 일 자체가 '미션 임파서블' 수준인 데다가 '나는 어떤 존재이지?'라는 질문을 스스로에게 던지며 강제적인 성찰의 시간을 가져야 한다. 게다가 자기소개를 해야 하는 집단의 규모가 커서 10명 이상을 넘어가게 되면 아무도 서로를 의미 있게 기억하지 못하는 사태가 벌어진다. 자기소개를 하라고 요구한 선생님마저도 기억하지 못하리라는 것은 자명하다.

결국 "저는 12번 ○○○입니다" 정도로 간단히 말하고 앉게 되는데,

선생님은 그보다는 자세히 자기소개를 하라고 요구한다. 그러면 학생들은 "저는 평범합니다"라는 말을 많이 한다. 스스로를 평범하다고 말하는 얘기를 들으면 두 가지 의문이 솟구친다.

첫 번째 의문. 대체 평범이 뭘까? '평범하게 산다'는 것이 뭔데? 남들과 똑같이 사는 것? 평균치로 사는 것? 다수의 방식으로 사는 것?

두 번째 의문. 왜 몇 마디 되지도 않는 자기소개에 평범하다는 표현이 그토록 자주 출현할까? 자기 자신을 특별해도 너무 특별하게 느껴도 시원치 않을 10대 청소년이 스스로의 평범성을 강조하는 이유는 무엇일까?

나는 할머니가 만들어 준 앞치마가 너무 창피했어

잠시 내가 10대 청소년이었던 오래전으로 거슬러 올라가 본다. 나는 웬만한 것은 다 만들어 쓰는 집안에서 자랐다. 돈이 별로 없기도 했지만, 집안 사람들이, 직접 만들 수 있는 물건을 돈을 주고 구입하는 것을 일종의 무능으로 평가했던 듯하다.

가사 실습을 위해 앞치마를 가져가야 하는 날이었다. 나는 할머니가 직접 재봉틀을 돌려 만들어 주신 앞치마를 들고 학교에 갔는데, 나를 제외한 다른 아이들은 학교 앞 문구점에서 구입한 앞치마를 가져왔다. 할머니가 만들어 준 앞치마는 '알프스 소녀 하이디'가 입을 것만 같은 앞치마였다. 프릴이 풍성하게 달린 그 앞치마를 받아 들고 너무 마음에 들어서 전날 저녁 내내 그 앞치마를 입고 있었다. 가족 모두 앞치마가 너무 예쁘다고 했다. 그런데, 오늘은 그 앞치마가 너무나 창피하다. 나의 앞치마는 너무 튀었다. 대다수 친구들 것과는 달라도 너무 달랐다. 몇 번 비슷한 일이 반복되자, 집에서 만든 것은 싫다며, 나도 문구점에서 사게 해 달라고 울고 떼를 썼던 기억이 생생하다.

친구들 앞에서 스스로를 보통이며 평범하다고 말할 때 두 가지 의미에서 보험 효과가 있다. '나 진짜 평범해. 너희들이랑 같아. 그러니 나를 받아들여 줘'라는 의미가 첫 번째 보험 효과라면, 두 번째 보험 효과는 앞에서 "나는 보통이다"라고 자기소개를 한 친구를 따라 하면서 나타난다. 한 친구가 스스로를 보통이라고 말하면서 자기소개를 했다면 나도 똑같은 말을 함으로써 '너와 내가 다르지 않다'는 것을 명시적으로 보여 줄 수 있다. 친구들과 다른 앞치마가 창피해서 학교 앞 문구점 앞치마를 갖고 싶었던 그 마음도 같은 맥락에서 이해할 수 있다. 튀는 것, 남과 다른 것은 불편할 뿐만 아니라 위험하기까지 하다는 것을, 우리는 알고 있다.

우리는 왜 필사적으로 보통이 되려고 할까

이즈미야 간지의 《뿔을 가지고 살 권리》(박재현 옮김, 레드스톤, 2016)를 읽어 보면 우리의 의문을 풀 실마리를 얻을 수 있다. 이 책의 원제는 '보통이 좋아라고 말하는 병(普通がいいという病)'이다. 한마디로 우리 사회에는 '보통이 좋아'라는 생각이 널리 퍼져 있고, 보통이 아니고 평범하지 않은 것에 대해서는 어떤 형태로든 제재가 뒤따르니 사람들은 필사적으로 보통이 되려고 노력한다는 말이다.

이즈미야 간지는 이 대목에서 '뿔을 가지고 살 권리'를 이야기한다. 뿔이 없는 사람들이 절대다수인 사회에서 어떤 사람이 뿔을 가지고 태어났다. 뿔의 모습은 다양하다. 아이돌에 열광하는 교실 속에서 홀로 오페

라를 사랑하는 것으로, 축구에 미치는 남자 청소년들 속에서 축구에 대한 관심이 전혀 생겨나지 않는 것으로 나타난다. 다들 좋다고 하는데 나는 그게 왜 좋은지 모르겠고, 다들 관심을 가지지 않는 분야에 나 홀로 심취한다. 곤란하다. 그는 결코 무리에 섞이지 못할 것이며, 놀림거리가 되거나 두려움의 대상이 될지도 모른다.

뿔을 가진 사람은 이제 어떻게 할까?
살아남기 위해, 다른 사람과 섞이는
것을 방해하는 뿔을 잘라
버릴 것이다.

자발적으로 잘라 버릴 수도 있고, 부모나 교사들의 강요 혹은 유도에 의해 잘라 버릴 수도 있겠지만, 하여튼 뿔을 자른다. 뿔을 자른 뒤 한동안은 어색하고 받아들이기 힘들기도 했지만, 차츰 '뿔을 잘라 내고 보통이되는 것이 어른이 되는 과정'이라는 생각을 받아들인다. 그는 이제 다른 사람들과 구별되지 않는 '보통의 존재'가 되는 데 성공했다.

축하할 일일까? 뿔을 가지고 태어난 사람은 뿔을 가지고 태어난 이유가 있을 것이다. 뿔 자체가 그의 본성에서 중요한 부분인데, 우리는 그것을 제거해 버렸다. 자기답게 살기를 포기하고 보통의 존재로 무리 속에 섞여 살아가면서 우리가 어떻게 행복할 수 있을 것인가. 이 책에는 여러 문학작품이 인용되어 있는데, 그중 하나가 입센의 《인형의 집》이다.

헬머는 권위적인 남편으로, 아이를 양육하고 집안을 돌보는 아내 노라가 그 삶에 만족하며 산다고 믿는다. 노라 또한 의심 없이 남편의 '귀여운 종달새'로서 행복한 삶을 산다고 여긴다. 그러다 노라의 과오가 밝혀지고 그 일이 승승장구하던 남편의 발목을 잡게 되자 남편의 태도는 돌변한다. 가족으로서 갖는 이해는커녕 노라를 파렴치한으로 몰며 남보다도 못하게 아내를 대한다. 그제야 노라는 자신이 누구인지 묻는다. 그리고 자신을 찾으러 집을 떠날 결심을 한다.

자신이 아내의 잘못을 기꺼이 용서했는데도 불구하고 집을 나서겠다는 아내의 선언에 충격을 받은 남편 헬머는, 어머니로서 거룩한 의무를 저버리고 어디를 가는 거냐며 노라를 다그친다. 여자의 신성한 제1의무, 아내이자 어머니로서의 의무를 지키라면서. 그러나 노라는 어머니이자 아내이기에 앞서 자신은 '인간'이라고 선언한다.

> 헬머 당신은 무엇보다 아내이고 어머니야.
>
> 노라 그런 것은 이제 믿지 않아요. 가장 중요한 건 사람이에요. 당신이 사람인 것처럼 나도 사람이죠. 내가 무엇인지 생각하고 깨닫지 않으면 안 되겠어요.
>
> 헬머 당신은 정상이 아니군. 열이 있어. 당신은 이성도 제정신도 없는 것 같군.
>
> 노라 내가 오늘 밤처럼 분명하고 자신 있어 본 적은 없어요.

노라는 남편이 사람으로 살듯이, 자신도 이제 남편의 인형이 아닌 자기 자신으로 살아가겠다고 외친다. 자기답게 사는 것, 그것은 여자에게 아내와 어머니의 역할만을 강요하는 사회에서 자기 정체성이라는 뿌리를 자르지 않고 사는 것과 같다. 노라는 더 이상 뿔을 숨기지 않고 자기 자신으로 살아가겠다는 선언을 한 것이다. 이렇게 뿔을 드러낸 노라에게 남편은 "정상이 아니"라고 말한다. 미치지 않고서야 이런 소리를 할 리가 없다고 생각하기 때문이다. 그러나 노라는 말한다. 이렇게 또렷했던 적이 없었다고. 자신 있어 본 적이 없었다고.

여기서 끝? 아니다. 더 무서운 진실이 기다리고 있다. 실은 모든 사람이 뿔을 가지고 태어났다면? 내가 태어났을 때 뿔이 없는 사람이 대부분이었던 이유가 그들도 모두 뿔을 절단했기 때문이라면? 그래서 아무도 자기 자신으로 살지 못하고 보통의 존재로 살아가는 것이라면?

《인형의 집》에서 우리는 두 개의 선택지를 본다. 노라는 뿔을 잘라 내고 무리에 어울리기보다는 뿔을 가진 채로 무리에서 떨어져 살아가기를 선택한다. 노라의 남편 헬머의 선택은 그 반대이다. 기꺼이 뿔을 자르고, 애초에 뿔을 가졌다는 것도 잊어버리고, 무리에 섞여 살아가는 쪽을 선택한다. 당시 사회가 요구하는 어른-남자의 표준적인 삶을 위해 헬머가 어떤 뿔을 잘라 냈는지는 《인형의 집》에 직접적으로 드러나지 만, 상상해 볼 수는 있을 것이다. 그는 시인이 되고 싶었을 수도 있고, 방랑자가 되고 싶었을 수도 있다. 그 뿔이 무엇이었는지는 크게 중요하지 않다. 자기만의 뿔을 잃어버린 그는 이제 사랑을 잃었다. 남은 생애 내내 그는 외로울 것이다.

우리는 뿔을 잘라 버려야 할까? 뿔을 가진 채로 무리와 떨어져서 홀로 살아가야 할까? 뿔을 가진 그대로 사람들과 어울려 지낼 수는 없을까? 뿔을 가진 내가 뿔을 가진 그대로 행복할 수는 없을까? 그럴 권리, 당연히 있다. 그대에게도 나에게도.

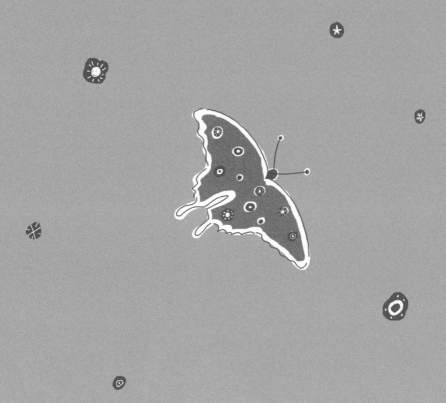

더 노력하지 않은 내가
부끄러워지는 날

너무 지쳤다면

잠시 쉬어도

괜찮아

이옥순
《게으름은 왜 죄가 되었나: 부지런함이 숨긴 게으름의 역사》

그렇게까지 부지런하게 살지 않아도 괜찮아

담임을 맡은 학급의 아이가 나를 찾아와서 울음을 터뜨렸다. 너무 힘들다고, 이걸 계속할 수는 없다고 눈물이 범벅이 되어서 하소연을 했다. 그 아이를 비탄에 몰아넣은 것은 자기주도학습 다이어리였다. 그 다이어리는 작성자 스스로 자기가 가용할 수 있는 모든 시간을 일상의 틈바구니에서 찾아내고, 그 시간들을 공부 계획으로 채워 넣고, 계획을 실천하고, 실천한 것을 기록하도록 디자인되었다. 그즈음 학교에서는 자기주도학습 다이어리 기록이 대대적인 유행처럼 번져 나갔다. 학생들마다 지도 교사가 정해졌고, 학생들은 주 1회 지도교사에게 다이어리를 검사받았다. 아이는 그게 너무 힘들었다.

하루 여덟 시간을 정해진 일과에 따라 빡빡하게 학교생활을 하는 고등학생이 찾아낼 수 있는 시간의 틈새라는 것은, 고작해야 수업과 수업 사이에 있는 10분의 쉬는 시간과 4교시와 5교시 사이에 있는 점심시간이었다. 아이는 쉬는 시간 10분을 이용해 영어 단어를 외우고 점심을 가능한 한 빨리 먹어 치우고 남는 시간에 수학 문제를 풀겠다고 계획을 세웠고, 그걸 실천하고 있었다. 게다가 다이어리를 작성하는 노동까지 추

가되었다. 내가 보기에 족히 하루 한 시간 정도는 다이어리를 작성하는 데 투자해야 할 것 같았다. 원래 쉬는 시간은 쉬라고 있는 것이고, 점심시간은 점심을 먹으라고 있는 시간인데, 그 알량한 틈새 시간에도 공부를 하려니 정말 죽을 노릇이었을 것이다.

누구보다 열심히 하루하루를 살아 내는 아이였다. 그런 아이조차 견디기 어려운 일이라면 그건 누구도 해낼 수 없는 일이라고, 나는 생각했다. 그래서 말해 주었다. 괜찮다고, 그렇게까지 부지런하게 살지 않아도 된다고. 어렵사리 눈물을 멈춘 아이가 교실로 돌아간 뒤, 나는 이 '참사'에 대해 생각해 보았다.

우리를 괴롭히는 게으름이라는 죄의식

무엇이 명탐정 셜록 홈스를 가장 괴롭혔을까? 해결하기 어려운 살인 사건? 범인을 잡기 위해 벌이는 추격전? 그를 괴롭히는 것은 바로 '사건이 일어나지 않아 해결할 사건이 없는 상태'였다. 오죽하면 "일이 아니라 게으름에 지친다"고 투덜댔을까?

19세기 영국의 작가 코난 도일이 창조한 셜록 홈스라는 전무후무한 캐릭터는 산업 사회를 대표하는 인물이다. 이성을 중시하고, 논리를 사랑하며, 쉼 없이 일을 하는 데서 기쁨을 찾는 존재. 산업화된 서구 사회는 이런 인물을 이상형으로 삼았다. 사사로운 기쁨이 아니라 일에서 삶의 의미를 발견하고, 일을 위해 모든 것을 헌신하는 인물. 셜록 홈스는 사건을 해결하고자 두뇌를 최대한 효율적으로 활용하기 위해 필요하다면 식사도 마다하면서 사건 해결에 매달렸으며, 사랑이나 연애로 시간을 '낭비'하지도 않는 인물이었다.

셜록 홈스 캐릭터에 대한 사랑과 열광에는 산업 사회의 가치관이 자리한다. 그런데, 부지런함을 칭송하고 게으름을 혐오하는 가치관은 19세기 영국만의 것이 아니다. 21세기 대한민국에도 널리 퍼져 있으며, 사실 전 세계적인 현상이라고 할 수 있다. 열심히 일한 개미는 겨울을 따뜻하게 보내지만 노래만 하며 흥청망청 게으름을 피운 베짱이는 겨울이 되자 비참한 처지가 되었다는 우화는 말할 것도 없고, 새벽에 일찍 일어나서 하루를 시작하는 사람이 성공할 수 있다는 '아침형 인간'론도 있고, 많은 수험생에게 노이로제를 불러일으키는 4당5락의 신화(4시간 자면 합격, 5시간 자면 불합격)도 있다. 모두 모두 게으름을 혐오하고 부지런함을 칭송한다.

부지런함은 항상 옳을까?

《게으름은 왜 죄가 되었나》(서해문집, 2012)는 부지런함을 칭송하는 사회에 대한 의문에서 출발한다. 인간 사회는 과거부터 현재까지 일관되게 부지런함을 칭송했을까? 전 세계 어디서든지 동일하게 부지런함을 칭송했을까? 모든 사람이 부지런함을 칭송했을까? 그야말로 동서고금의 수많은 사례를 섭렵하면서 이 책의 저자가 내린 결론은 "게으름이 원래부터 죄가 아니었다"이다. 부지런함을 칭송하는 것은 대대로 지배계급의 논리였으며, 이것이 사회 보편의 가치로 확산된 것은 산업화와 함께였다는 사실.

저자의 주장을 따라가 보자. 게으름을 문제 삼는 자는 누구인가? 게으름을 결함으로 지적받는 자는 누구인가? 자고로 주인이 종의 게으름을 문제 삼는 법은 있어도 종이 주인의 게으름을 문제 삼는 법은 없다. 종이 부지런할수록 이익을 얻는 쪽은 주인이며, 주인의 입장에서 보면 종은 늘 충분히 부지런하지 않은 법이다. 주인에게 노예들은 늘 게을러 빠져서 스스로 일할 줄을 모르는 존재이다. 그러나 종이나 노예가 부지런해서 스스로 얻을 이익이라고는 없다. 부지런함은 그들에게 오히려 해가 될 뿐이다. 어제 부지런히 100만큼 일한 노예가 오늘은 페이스를 조절하며 80만큼 일을 한다면 채찍이 기다리고 있을 것이다. "이 게으른 것!" 하는 호통과 함께. 제정신이라면 부지런을 떨어서는 안 된다. 오늘의 부지런함은 내일의 더 큰 고통을 가져올 뿐이니까.

나태와 게으름은 단순히 사람의 행태, 특성을 이르는 말이 아니라 고도의 정치적 의미를 담고 있다. 근면한 서양은 발전을 이루었고 나태한 동양은 도태되었다는 주장이 우리 사회에 여전히 만연한 이유를 생각해 볼 필요가 있다.

18세기 유럽인들은 캐나다 원주민이 나태하기 때문에 못산다고 평가했다. 그러나, 유럽인들이 게으르다고 평가한 원주민은 유럽인의 모피 장사에 협조하지 않는 사람들이었다. 모피 업자들에게 부지런히 모피를 제공하지 않는 원주민을 향해 유럽인이 게으르다고 평한 것이다. 아프리카 콩고에서도 비슷한 일이 벌어졌다. 벨기에인들은 콩고인들에게 팜야자를 채집할 것을 강요했다. 그때까지 아프리카 사람들은 필요할 때에 딱 필요한 만큼의 팜야자를 채집할 뿐, 그 이상을 수확하지 않았다. 언제나 싱싱한 팜야자를 구할 수 있는데 구태여 팜야자를 많이 수확해서 묵힐 이유가 없지 않은가! 팜야자를 많이 수확하라고 강제하는 벨기에인의 요구를 도무지 납득할 수가 없었을 것이다. 게다가 매일 할당된 분량이 너무 많아서 아무리 노력을 해도 할당량을 다 채우는 것도 불가능했다. 이런 상황에서 벨기에인은 말했다. 아프리카 사람들은 너무 게으르다고, 그렇게 게으르고 미개하니 유럽의 지배를 받는 것도 당연하다고. 영국인은 인도인이 게으르다고 비난했으며, 일본인은 한국인이 게으르다고 멸시했다. 게으르니까 식민지로 전락하는 것도 당연하다며.

이제는 자본이 사람들에게 부지런하라고 요구한다. 더 큰 아파트, 더 좋은 차, 더 멋진 세상을 원한다면 돈을 쓰라고. 돈을 쓰려면 돈을 벌어야 하고, 돈을 벌려면 더 많이 일해야 하는 법. 그러니 사람들이여, 게으름을 버리고 부지런해져라.

영혼이 우리를 따라올 때까지

하지만 게으름은 인간적인 삶의 속도일 수도, 창조의 원천일 수도 있다. 손으로 글자를 베껴 쓰는 것을 귀찮아했던 구텐베르크는 활자를 발명했다. 일일이 끈을 묶는 것이 귀찮았던 어떤 게으름뱅이는 지퍼를 발명해서 우리의 매일을 편안하게 만들어 주고 있다.

《게으름은 왜 죄가 되었나》에 실려 있는 재미있는 이야기 하나를 소개한다. 한 유럽인 탐험대가 유적을 발굴하러 가는 길에 정글을 지나가게 되었다. 처음 나흘은 일정표대로 진행되었는데 5일째에 문제가 터졌다. 짐을 운반하는 인디오 원주민들이 전진을 거부했기 때문이다. 돈을 더 주겠다고 회유해 보기도 하고, 말을 안 들으면 총을 쏘겠다고 협박을 하기도 했지만 인디오 원주민들은 요지부동이었다. 그렇게 이틀이 흘렀다. 인디오들은 거짓말처럼 다시 일어나 목적지를 향해 전진하기 시작했다. 유럽인 탐험가가 물었다. 왜 그랬냐고. 한 인디오가 대답했다. "너무 빨리 걸었기 때문에 영혼이 우리를 따라올 때까지 기다린 겁니다."

부지런함이 나쁘다는 이야기가 아니다. 부지런함은 항상 옳고, 게으름은 항상 틀리다는 생각을 들여다볼 필요가 있다는 이야기를 하고 싶다. 아메리카 인디언들에게는 지나친 부지런함이 문제가 될 수 있다. 그들은 어떤 지역에 살다가 일정한 시간이 지나면 다른 곳으로 이주하며 살아간다. 그 지역의 모든 것을 사냥하고 채취하며 먹어 치우면 땅이 황폐해질 수 있기에, 땅이 휴식을 취하고 생명력을 회복할 시간을 주기 위해서다. 유럽인들은 그런 사정을 이해하지 못했다. 그리고 그들이 게으르다며 손가락질을 한다. 개간할 수 있는 넓은 땅을 두고도 농사를 짓지 않는다며, 나무 열매가 남아 있는데 더 채취하지 않고 남겨 둔다며.

모든 일에는 고유한 속도가 있고, 모든 사람에게는 각자에게 가장 적당한 속도가 있다. 그걸 몰랐던 나는 오랫동안 시속 10킬로미터에 집착해 왔다. 10킬로미터를 한 시간 안에 달리기. 그걸 마지노선이랍시고 설정한 사람이 바로 나란 인간이었다. 30대의 내 머릿속에 세팅된 마지노선은, 세월이 흐르고 내가 40대를 거쳐 50대에 이르는 동안에도 수정되지 않았다.

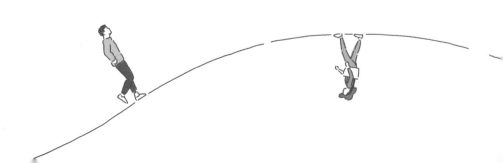

생각해 보면 욕심도 이런 욕심이 없다. 내가 달리기를 위한 특훈을 하는 것도 아니고, 가뭄에 콩 나듯 가끔씩 기분 전환 삼아 달리는 처지에(즉 타고난 것도 없고, 노력도 하지 않으면서) 30대 초반의 기록을 유지해야 한다고, 나란 인간은 그럴 수 있는 인간이라고 우기는 셈이니 욕심 아니고 무엇이랴. 그러니 나의 달리기는 늘 불충분했다. 언제나 시속 10킬로미터에 못 미치는 속도로 달리고 있었으니까. 불충분하다고 생각했기에 늘 불만스러웠고, 달리기는 늘 힘이 들었다. 만족스럽지 않은데 힘들기까지 하니 자주 달리지 못했다. 자주 달리지 못하니 달리기는 점점 더 힘들어졌다.

어느 날 달리는 속도를 살짝 떨어뜨려 보았다. 전혀 부담이 되지 않을 속도로, 헉헉 숨이 차지 않을 정도로. 놀라운 일이 벌어졌다. 20분을 넘기기도 힘겨웠던 나의 달리기가 달라진 것이다. 60분을 쉬지 않고 달릴 수 있었다. 기록을 확인하니 시속 9킬로미터. 내가 선수라면 이건 굉장히 심각한 문제일 수도 있겠지만, 나는 그냥 재미 삼아 달리는 생활 러너일 뿐이지 않은가. 달리는 일이 좋아 가끔 달려 보는. 그럼 속도 따위는 잊어버리고 내가 60분을 계속 뛰었다는 사실에 감격하기만 하면 된다. 이건 이것대로 대단한 일이니까.

그동안 나는 너무 빨리 달리려 했던 것은 아니었을까? 한 시간을 달리고 싶지만 실은 20분도 지속하지 못할 속도로 달리다 보니 즐거움은 나를 떠나고, 불만과 피로가 그 자리를 채웠던 것은 아니었을까? 10킬로미터 강박에서 벗어나 속도에 대한 집착을 트랙 저편으로 날려 보냈다. 그리고 그냥 달린다. 나의 지지부진한 달리기를 그대로 받아들였다. 달리기가 즐거워졌다. 더 자주 달릴 수 있게 되었다.

너무 지쳤다면 잠시 쉬어도 좋을 것이다. 삶의 속도를 자신에게 맞게 조절할 권리, 누구에게나 있으니까. 영혼이 그대를 따라올 시간을 주자.

내가 지고 있다고
느껴지는 날

승리가 꼭
좋은 결과로
이어지는 것은 아니야

리처드 H. 세일러
《승자의 저주: 경제현상의 패러독스와 행동경제학》

옆구리 찌르기

남자 화장실에서 해결하기 어려운 골칫거리 가운데 하나는 사용자들이 제대로 '명중'을 못하는 것이다. 소변기는 금세 더러워지고 청소 노동자의 노동은 덧없는 것이 되고 만다. 어떻게 해야 소변기에 정확하게 '명중'하게 할 수 있을까? 벌금? 감시? 인센티브(화장실을 깨끗하게 사용하는 사람에게 혜택을 주는 것)? 더 많은 청소 노동자의 투입? 많은 이가 고심했지만 해결되지 않던 난제를 아주 간단한 방법으로 해결한 사례가 있다. 유럽의 한 공항은 남자 화장실 소변기에 파리 스티커를 붙이는 간단한 방법으로 문제를 깔끔하게 해결했다. 사용자들은 파리를 조준하느라 조심스럽게 소변기를 사용하기 시작했고, 화장실은 청결하게 유지될 수 있었다. 돈도, 시간도, 노력도 별로 필요하지 않은 간단한 방법.

한 경제학자가 이 현상을 주목하고 그것에 '넛지 효과'라는 이름을 붙였다. 넛지란 옆구리를 쿡 찌른다는 뜻인데, 강압적인 방법이나 인센티브를 사용하지 않고도 슬그머니 원하는 행동으로 사람들을 이끌 수 있다는 점을 포착한 것이다.

변화를 원하는가? 특정한 행동을 유도하고 싶은가? 그렇다면 넛지 효과를 활용하자. 사람들의 심리를 읽어 슬그머니 특정한 방향으로 행동을 유도하면 된다! 이 경제학자의 이름은 리처드 H. 세일러. 2017년 노벨 경제학상 수상자이다.

인간이 합리적인 존재라고?

경제학은 수식과 그래프, 각종 법칙들로 무장하고 우리 앞에 나타나기 때문에 굉장히 정교한 학문으로 보이지만, 사실은 허점이 많다. 경제학이라는 학문이 '모든 인간은 합리적이다'라는 전제를 깔고 출발하기 때문이다. 하지만, 실상 우리 인간은 합리적이지 않다. 정교한 계산을 통해 자신에게 이익이 되는 방향으로 의사 결정을 하고 행동으로 옮기는 인간이란 경제학 교과서에서나 등장할 뿐 현실은 전혀 그렇지 않다. 우리가 얼마나 자주 어리석은 결정을 내리는가를 생각해 보라.

기존 경제학이 전제하는 '합리적 인간'이라는 허구를 떨쳐 버리고 진짜 인간의 모습에 접근할 때 우리는 보다 정확히 사회를 이해할 수 있다. 인간의 비합리적인 측면을 포괄해야만 한다는 생각은 심리학을 경제학으로 끌어들였고, 여기서 새로운 경제학이 탄생한다. 이른바 행동경제학. 오늘의 주인공 리처드 H. 세일러는 행동경제학자이다.

세일러는 《승자의 저주》(최정규·하승아 옮김, 이음, 2007)라는 책을 통해 경제학계의 '이상 현상'을 파헤친다. 완전한 정보를 가지고 주어진 대안들을 일관된 원리에 따라 비교해서 그중 최선의 대안을 찾아내는 합리적 존재인 인간이 아니라, 불완전한 정보를 가지고 있으며 정보 처리도 미흡하고 선택에도 일관성이 없는 경제 주체들이 어우러져 만들어 내는 경제현상은 기존의 경제학으로는 설명할 수 없는 부분이 너무도 많다. 이 설명할 수 없는 이상한 현상을 '이상 현상'이라고 하는데, 《승자의 저주》는 대표적인 이상 현상들을 하나하나 분석하고 설명하여 새로운 경제학을 구축하였다.

이겼기 때문에 지게 된다면?

《승자의 저주》가 다루는 이상 현상들은 하나같이 흥미롭지만, 우리는 그 가운데 이 책의 제목이 된 '승자의 저주' 현상을 살펴보기로 하자. 승자의 저주란 승자가 다른 이들에게 내리는 저주가 아니라 승자가 겪어야 하는, 승자에게 내려지는 저주이다. 경쟁에서 승리한 자가 결국은 손해를 보는 현상을 말한다.

경쟁에서 승리했는데 왜 손해를 볼까? 아직 개발되지 않은 유전을 두고 경쟁 입찰이 벌어지고 있다. 경쟁 입찰에 참여하는 경제 주체들은 저마다 동원할 수 있는 정보를 최대한 동원하여 경쟁에서 승리하기 위한 전략을 수립한다. 이 유전에서 얼마나 이익을 얻을 수 있을지를 계산해 보고, 경쟁자들이 얼마나 지불할 용의가 있는지를 추정해 볼 것이다. 그리고 이 경쟁에서 승리하기 위해서는 얼마를 적어 내야 할지를 결정할 것이다. 저마다 입찰가를 적어 내고 가장 높은 가격을 제시한 경제 주체가 승리한다.

여기까지는 우리가 쉽게 상상할 수 있다. 문제는 그다음에 발생한다. 가장 높은 가격을 제시한 경제 주체가 승자가 된다는 것은, 그 유전에서 얻을 수 있는 이득이 가장 적은 자가 승자가 된다는 의미이기 때문이다.

같은 상품에 대해 가장 높은 가격을 제시했으니 당연한 일이다. 어쩌면 실제로 얻을 수 있는 이득보다 높은 가격을 제시했을 수도 있다. 그의 이익은 아주 적어질 수 있고, 심지어 손해를 볼 수도 있다!

당장 돈을 벌고 싶다면 동전을 가득 넣은 저금통을 들고 교실로 들어가 그 저금통을 경매에 부쳐 보면 된다고 세일러는 이야기한다. 실제로 8달러가 들어 있는 저금통에 얼마가 들어 있을지를 추정해 보는 실험을 했더니 추정치의 평균은 5.18달러였다. 그런데, 그 경매의 최종 입찰가는 평균 10.01달러! 승자들은 평균적으로 2.01달러만큼 손해를 본 셈이다. 위험을 기피하는 성향 때문에 추정치는 실제보다 적게 나오지만, 여기서 중요한 것은 추정치가 아니라 입찰가니까. 경쟁이 격렬할수록 높은 금액을 제시한 사람이 승자가 될 것이고, 승자는 손해를 보게 된다. 이것이 바로 '승자의 저주'라는 현상이다.

승자의 저주 현상은 최근 인지심리학과 미시경제학이 결합하면서 등장한 행동경제학의 분석에 잘 들어맞는 전형적인 문제이다. 여기서의 열쇠는 인지환상의 존재, 즉 수많은 감가자로 하여금 동일한 실수를 계속 반복하게끔 만드는 심리적 과정이다. (126쪽)

'승자의 저주' 현상을 알게 되니 마음이 좀 편안해진다. 내가 종종 멍청한 선택을 한다고 해서, 그것이 꼭 내가 모자란 인간이라는 의미가 아니라는 점을 알게 되었기 때문이다. 원래 인간은 비합리적인 요소를 잔뜩 끌어안고 살도록 된 존재이기 때문이라니, 마음이 놓이지 않는가. 게다가 경쟁에서 승자가 되었다고 해서 반드시 좋은 결과가 기다리는 것은 아니라 하니, 한 번 더 마음이 놓인다. 그뤠잇이 스튜핏이고, 스튜핏이 그뤠잇일 수도 있으니 이 얼마나 좋은가.

2부

내 마음대로 되지 않는 세상과
화해하고 싶을 때

엄마─사람과 평화롭게
공존하고 싶은 날

차 이 가

좁 혀 지 지 않 는 다 고 해 서

소 통 이 의 미 없 지 않 아

룽잉타이, 안드레아
《사랑하는 안드레아: 열여덟 살 사람 아들과 편지를 주고받다》

부러워라, 편지를 주고받을 누군가가 있다니

좋은 책은 독자들에게 여러 가지를 선사한다. 감동, 재미, 새로운 지식. 《사랑하는 안드레아》(강영희 옮김, 양철북, 2015)는 이 모든 것과 더불어 한 가지를 더 선사하는데, 바로 '부러움'이다. 카톡과 문자메시지로 빠르고 짧막하게 서로의 안부를 확인하는 시대에, 누군가와 제대로 된 편지를 주고받는 기쁨을 누리고 있다면 무조건 부러워해야 할 판이다. 그렇게 할 수 있는 상대방이 있다는 것, 상대방도 나도 길고 긴 편지를 읽고 쓸 능력과 시간과 마음이 된다는 것, 그런 상대방이 편지를 주고받는 상대로 선택해 준 것이 바로 나라는 것. 이 모든 것은 전생에 나라를 구한 정도의 행운이 뒷받침되어야 가능한 일이다.

그런데, 18살의 아들과 한 달에 한 번, 길고 진지한 편지를 주고받는 엄마라니! 엄마에게 마음을 터놓고 각별한 편지를 보내는 아들이라니! 게다가 그 편지가 3년이나 이어지다니!

언어 장벽, 문화 차이라는 한계

엄마 룽잉타이는 대만 사람으로 현재는 홍콩과 대만을 오가며 활동하고 있고, 독일인과 결혼하여 태어난 안드레아는 독일에서 학교를 다니고 있기에 둘 사이를 가장 편안하게 매개할 수 있는 언어가 영어라는 점도 흥미롭다. 엄마와 아들인데도, 둘은 각자의 모국어가 다르다. 아들은 중국어로 글을 쓰지 못하고, 엄마는 독일어로 충분한 의사소통이 가능하지 않다. 게다가 이들의 편지는 중국어로 연재되어야 한다는 조건까지 따라붙는다. 엄마는 아들과 영어로 주고받은 편지를 다시 중국어로 옮겨서 독자들에게 보여 주어야 했고, 한국 독자인 우리는 한국어로 번역된 글을 읽는다. 이 책과 독자인 우리 사이에는 이미 네 개의 서로 다른 언어가 개입된다.

다른 언어를 사용한다는 것은 언어 이상의 문제와 관련되어 있다. 아들과 엄마는 서로 다른 문화권에서 성장했기 때문에 어떤 지점에서는 상당한 의견

차이를 보이고, 서로의 관점과 견해를 이해할 수 없어 당황한다. 제법 비싼 값을 주고 〈사운드 오브 뮤직〉 티켓을 구입했는데, 아들은 중간 휴식 시간에 2막은 보지 않겠다고 선언한다. "이 브로드웨이 뮤지컬은 독일과 오스트리아에 대한 고정관념을 최대한으로 이용한 것도 모자라 미친 듯이 '설탕'까지 쳐 대요. 정말 '느끼해' 죽을 것 같아요." 이 대목에서 엄마는 화를 내지 않고, 〈투란도트〉나 〈나비부인〉이 동양 문화를 너무 단순하게 표현했기에 매우 불편했던 기억을 떠올린다. 그리고 "한 사람이 받아들일 수 있는 키치의 양에는 한계가 있다"고 했던 아들의 말을 진지하게 고민하면서 아들에게 묻는다. 너는 어디까지가 예술이고, 어디까지가 키치라고 생각하느냐고. 아들은 엄마의 질문에 그냥 '취향이 아니에요', '개취입니다. 존중해 주시죠'라는 식으로 대답하지 않고, 성실하게 답을 한다. 둘의 편지 속에서 두 사람 사이에 벌어지는 문화 충돌은 그냥 충돌로 끝나지 않고, 예술이란 어떤 것이고 어떤 것이어야 하는지를 탐색하는 진지한 토론으로 발전한다.

엄마가 비싼 돈을 주고 구입한 공연을 아들이 끝까지 보지 않고 공연
장을 떠났을 때 우리가 흔히 상상할 수 있는 결말을 염두에 둔다면 룽잉
타이와 안드레아의 태도는 정말 인상 깊다. 일반적인 경우와는 달리 이
들의 취향 충돌이 진지한 토론으로 발전할 수 있던 이유는, 이들이 계속
해서 편지를 통해 진지한 대화를 나누었기 때문이 아닐까?

둘의 견해와 취향이 맞아떨어지는 순간도 많이 있다. 홍콩에서 대학
을 다니게 된 안드레아가 "홍콩에는 문화가 없다"며 개탄하자, 엄마도
맞장구를 친다. 홍콩 사람들은 너무나 바쁘게 살고 있어서 문화가 들어
설 짬이 없다며, 제대로 된 카페 문화가 형성되지 않는 문제를 지적한다.
그런데 여기서 둘째 아들 필립이 등장해서 이들과는 다른 견해를 피력
한다. 필립은 독일에는 카페가 있을지는 몰라도 오후 4시나 밤늦게 영
업하는 식당이 없다며, 홍콩이 스물네 시간 살아 있는 도시라고 찬양한
다. 내가 보기에는 이들 가족이야말로 스물네 시간 살아 있는 관계 속에
서 살아가고 있다.

소통으로 차이가 줄어들지는 않지만, 공존하는 방법은 알게 된다

아들과 엄마 사이에 문화적 차이만 놓여 있는 것이 아니다. 환갑을 바라보는 엄마와 소년에서 성인의 문턱으로 막 진입하는 아들 사이에는 엄청난 세대 차이가 있다. 엄마는 아들의 '가벼움'이 걱정스럽고, 아들은 엄마의 '무거움'이 답답하다. 아들은 엄마의 취향 없음이 안타깝고, 엄마는 가난했으나 치열했던 어린 시절을 겪지 않은 아들이 놓친 것이 무엇일지 염려한다.

아들이 상하이에서 인턴 과정을 밟게 되자 엄마는 기뻐하며 상하이에 거처를 마련하고 셋이서 함께 보낼 시간을 꿈꾸는데, 두 아들은 거기에 찬물을 끼얹는다. "이제 겨우 저만의 독립적인 공간을 가지게 되었는데 왜 또 엄마랑 같이 지내야 하죠? 나중에 제가 일하러 가는 도시까지 따라올 생각은 아니죠?" "엄마, 우리끼리 돌아다니며 스스로 이것저것 알아보는 걸 이해해 줄 수 없나요?" 이런 동상이몽을 한 번도 경험해 보지 않은 독자는 없으리라.

아들 안드레아는 편지에 이렇게 쓴다. 밖에서는 온갖 스트레스를 견며 내야 하는 자주적이고 독립적인 성인이지만 집 안으로 들어서는 순간 사춘기 소년으로 돌변하는 기분이 든다고. 어른과 아이 역할을 왔다 갔다 하는 것이 정말 어렵다고. 둘 다 어렵지만 아이 역할이 어른 역할보다 더 어렵다고.

저는 이렇게 어른과 아이의 역할을 왔다 갔다 하고 있어요. 엄마, 솔직하게 말할게요. 저는 사실 후자가 전자보다 훨씬 어려워요. 그래도 엄마와는 어느 정도 평화롭게 지내는 방법을 찾아낸 것 같아요. (278쪽)

이 모든 문화적 차이, 세대 차이, 견해 차이는 편지가 계속되는 3년 동안 별로 줄어들지 않는다. 소통이 늘어난다고 해서 차이가 줄어들지는 않으니까. 게다가 부모와 자식 사이는 원래 그런 법이다. 자식들은 독립을 꿈꾼다. 본래 독립이란 부모의 뜻을 거스르고 부모의 품을 떠나는 일이다. 차이가 좁혀지지 않았다고 해서 이들이 주고받은 편지가 의미 없지는 않으며, 아들이 엄마와 함께 시간을 보내지 않겠다고 선언했다고 해서 지금까지의 소통이 무의미하지도 않다. 이들은 적어도 상대방이 나와는 다른 존재라는 사실을 깨달았으며, 그럼에도 불구하고 계속해서 대화해야 한다는 것을 알게 되었다. 그리고 서로 평화롭게 지내는 방법도.

"열여덟 살 사람-아들과 편지를 주고받다"라는, 이 책의 부제를 되풀이해서 읽으며 나는 안드레아라는 세례명을 가진 스무 살 사람-아들을 떠올렸다. 내 아들이기 이전에 그냥 사람인 존재를. 그리고 간절히 바라건대, 나의 안드레아도 나를 사람-엄마로 여겨 주기를.

내 얼굴이
마음에 들지 않는 날

예쁘다는 말로는

충분하지 않을 만큼

넌 멋져

러네이 엥겔른
《거울 앞에서 너무 많은 시간을 보냈다》

외모 강박에 시달리는 우리

하늘을 우러러 한 점 부끄러움 없이 외모에 자신 있는 사람, 손 한번 들어 보라. 한 사람도 손을 들지 못할 것이라고 확신한다. 신이 내린 외모를 가지고 태어났다고 칭송받는 사람이라 할지라도 손을 들기 어려울 것이라고 또한 확신한다. 내 외모에서 바꾸고 싶은 부분, 마음에 들지 않는 부분이 무언지 이야기해 보라고 하면 다들 밤을 새워도 할 말이 떨어지지 않으리라는 점도 분명하다. 그렇다면 우리는 모두 하자투성이의 존재들인가. 기괴하고 못나고 흉측한? 그럴 리가 있나. 그런데도 우리는 외모에 자신이 없고, 외모 때문에 고통스럽다. 그런 세상에 살고 있기 때문이다. 지독한 외모 압력이 통치하는 사회, 그게 바로 우리가 사는 세상이다.

남자들도 그 압력에서 자유롭지 못하기는 매한가지이지만 여자에게는 외모 압력이 더 강력하게 작용하는 것 같다. 여러 연구 결과가 여성이 외모에서 남성보다 더 많이 스트레스를 받는다고 밝혀 주고 있기도 하거니와, 구태여 연구결과 따위 가져다가 현상을 분석해 보지 않아도 매일매일 외모 압력이 모든 사람, 특히 여성에게 작용하고 있음을 알 수 있다.

거울 앞에서 얼마나 많은 시간을 보내는가

마스크를 하고 교실에 앉아 있는 학생들을 보며, 처음에는 감기에 걸렸나 보다 했다. 독감이 수시로 유행하는 세상이니 건강 문제에 예민한 학생이겠거니 생각했다. 그러나 천만의 말씀! 시간이 없어 미처 화장을 하지 못한 여학생들은 자신의 민낯을 차마 다른 사람에게 보여 줄 수 없다고 굳게 믿기에, 얼굴을 가리려고 마스크를 쓴다. 눈만 빼고 얼굴 전체를 다 가릴 정도로 커다란 마스크다. 게다가 검정색. 그런데 마스크를 쓴 민낯의 여학생만이겠는가. 할 수만 있다면 우리는 자꾸 가리고 싶다. 못생긴 다리를, 삐져나온 뱃살을, 주름진 목을… 화장으로 가리고, 옷으로 가리고, 성형으로 가린다.

　거울 속에 비친 자신의 모습이 도저히 용납되지 않아 수업을 빠진 학생과, 그의 그런 선택을 '그럴 수 있다'고 받아들이는 강의실의 다른 학생들을 보며 저자는 우리 사회의 외모 강박이 심각한 수준에 있음을 확인한다.《거울 앞에서 너무 많은 시간을 보냈다》(김문주 옮김, 웅진지식하우스, 2017)는 외모 압력 사회에서 외모 강박에 시달리는 사람들을 관찰하고 인터뷰하면서 문제의 심각성을 드러내고 대안을 제시하는 책이다.

외모 강박이 날이 갈수록 심해지고, 우리가 우리의 외모로 더 많이 절망하는 이유 가운데 하나로 미디어를 들 수 있다. 포토샵으로 관리되고 보정된 이미지들은 현실의 사람들이 도저히 따라갈 수 없는 경지의 아름다움을 전시하는데, 우리는 그런 이미지에 둘러싸여 이 세상을 살아 내야 한다.

외모 강박을 이겨 내기 위해서 우리는 어떻게 해야 할까? 얼핏 생각할 때, 다른 사람의 외모에 대해 부정적인 평가를 하지 말고, 가급적 좋은 얘기만 해 주는 분위기가 조성되면 해결될 수 있을 것 같다. 하지만 그건 해결책이 아니라는 것이 저자의 주장이다. 어렸을 때부터 계속 '예쁘다'는 칭찬을 듣고 성장한 아이는 그 칭찬 때문에 불행해진다. 자신의 가치가 외적인 아름다움에 달려 있다는 관념이 형성되기 때문이다. 이런 관념은 자신이 아름답지 못하다는 생각만큼이나 인간으로서의 성숙과 성장을 가로막는다.

그냥 예쁘다는 말로는 절대 표현될 수 없는 당신

우리가 해야 할 일은 거울 앞에 자주 서지 않는 것이다. 정말로 거울 앞에 서는 시간을 줄이라는 의미도 있지만 나아가 외모 자체에 대한 관심을 줄여야 한다는 것이 더 중요하다. 외모에 대한 생각을 하면 할수록 부정적인 방향으로 나아갈 수밖에 없다. 내 몸이 어떻게 보일지에 대해 아무리 긍정적인 방향으로 생각한다고 해도 결국은 다른 사람에게 자신의 몸이 어떻게 보일지에 대한 관심으로부터 벗어날 수 없다. 여전히 자신의 몸을 다른 사람 시선의 지배 아래 두기 때문이다. 이런 방식으로는 외모 강박으로부터 자유롭기 어렵다.

대신 우리는 우리 몸으로 할 수 있는 것들로 관심을 돌릴 필요가 있다. 즉, 나는 〇〇이 아름다워, 라는 생각을 하기보다 나는 내 몸으로 〇〇을 할 수 있어 좋아, 라는 방향으로 생각을 바꿔 나가야 한다. 이 책에는 자신의 외모 때문에 무력감을 느끼던 여성이 등산을 시작하면서 몸을 장애물이 아니라 즐거움의 원천으로 본 사례가 등장한다. 그는 땀 흘려 산에 오르면서 자신감을 회복했으며 전보다 과감해졌다. 그 덕분에 더 많은 분야에서 더 강도 높은 도전을 할 수 있었다. 그러니 거울 앞에 서서 시간을 보내기보다는 몸으로 할 수 있는 일들을 찾고 그 능력을 향상시키는 데 시간을 쓰는 것이 좋다. 자신의 외모뿐만 아니라 다른 사람의 외모에 대해서도 관심을 줄여라. 다시 말하지만 외모에 관한 칭찬 조차도 외모 강박을 부추기는 힘으로 작용한다.

> 이제껏 내가/똑똑하다는 말이나 용감하다는 말보다/예쁘다는 말부터 했던 모든 여자들에게/사과하고 싶어/…/이제부터 이렇게 말할게/당신은 강인해/당신은 비범해/당신이 예쁘지 않아서가 아니라/당신이 그보다 더 가치 있다고 생각해서야 (312쪽)

이 책에 소개된 시를 당신에게 보낸다. 벽에 부딪치면서도 주저하지 않고 살아가기를 계속한 당신에게 타고난 외모만을 이야기하는 것은 너무 부족했다. 당신은 그냥 예쁘다는 말로는 절대 표현될 수 없는, 훨씬 더 가치 있는 존재니까.

먹고사는 일과 하고 싶은 일
사이에서 고민하는 날

틈 틈 이

하고 싶은 일을 해도

무 너 지 지 않 아

김예지
《저 청소일 하는데요?:
조금 다르게 살아보니 생각보다 행복합니다》

낮에는 돈을 벌고 밤에는 꿈을 꾸는 사람들

"누구나 입으로 그와 말을 주고받지 말라. 글로써 그와 의사를 주고받지도 말라. 아무도 그를 돌보지 말라. 아무도 그와 한 지붕 밑에서 살지 말라. 아무도 그의 4에르렌(2미터) 근처에 가지 말라. 누구도 그가 구술했거나 직접 쓴 문서를 읽지 말라."

철학자 스피노자는 불과 25세에 유대교단으로부터 이와 같이 저주와 같은 징벌을 받았다. 사회로부터 완전히 배척당한 스피노자는 먹고살기 위해 다락방에서 홀로 광학렌즈 깎는 일을 했다. 생계를 유지하고 남은 돈으로는 책을 사고 공부를 했다. 철학자 스피노자를 먹여 살린 것은 렌즈 깎는 일이었다.

피카소가 경탄한 화가 앙리 루소는 세관원이었다. 한 번도 제대로 미술 교육을 받지 못했지만 진심으로 화가가 되기를 열망했던 루소는 세관원으로 일하면서 퇴근 후에 그림을 그렸다. 화가 앙리 루소를 먹여 살린 것은 세관원 일이었다.

소설가 카프카는 보험회사 직원이었다. 완고한 아버지의 반대로 전업 작가로서 사는 삶을 선택할 수 없었던 카프카는 낮에는 보험회사에

먹고사는 일과 하고 싶은 일 사이에서 고민하는 날

서 일하고 밤에는 글을 썼다. 보험회사를 다니며 먹고사는 틈틈이《변신》을 썼다.

나랑 같이 청소일 해 볼래?

하고 싶은 일이 먹고사는 일을 보장해 주지 못할 때, 많은 사람이 먹고사는 일을 하며 틈틈이 하고 싶은 일을 하는 선택을 해 왔다. 스피노자, 앙리 루소, 카프카의 경우에 그치지 않는다. 정말로 하고 싶은 일에 전업으로 매달릴 수 있는 행운이 아무에게나 허락되지는 않기 때문이다.

그래도 정말 원하는 일이 있다면 해 보자, 어떻게든 할 수 있는 길을 만들어 보자, 그림 그리는 김예지는 그렇게 마음을 먹었다. 취직을 했으나 노동조건이 너무 열악하다. 진이 빠지게 일하는데 월급이 넉넉지도 않다. 너무 지치고 시간이 없어서 자기 그림을 그릴 여력이 없다. 마음의 병까지 생겼다. 이를 어쩌지?

엄마가 먼저 권유를 했다. "그럼, 나랑 같이 청소일 해 볼래?" 대학에서 미술을 전공했는데 청소일을 한다고? 마음을 내는 것이 쉽지

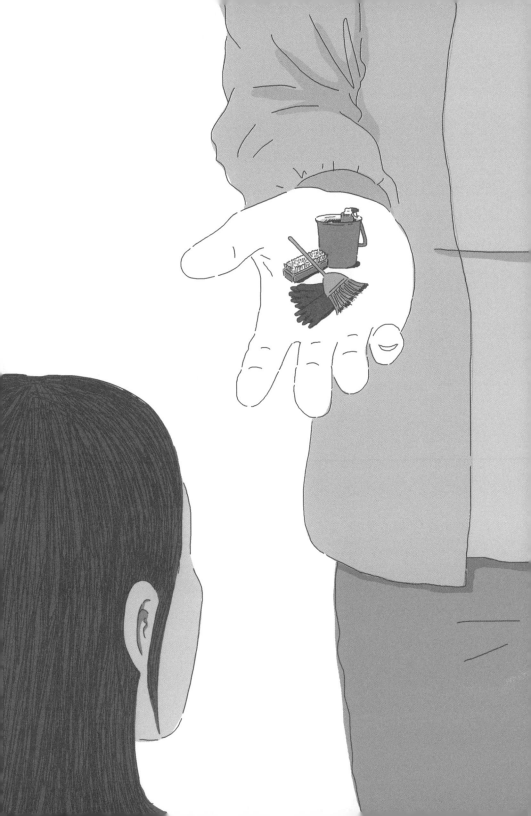

는 않았지만, 김예지는 하기로 결정한다. 청소일을 바라보는 사회의 시선이 그다지 좋지 않고, 노동강도도 높은 편이지만, 일하는 시간을 조절하는 것이 가능하니까 남는 시간에 원하는 그림을 그리는 것도 가능할 것 같았다. 그래서 청소일을 시작한다.

난생처음 해 보는 청소일은 작가에게 많은 경험을 선사한다. 화실에서, 대학에서, 회사에서는 알지 못했던 새로운 세상을 만날 수 있었다. 지금까지 (아마도) 어떤 일러스트레이터도 청소일을 하지 않았고, 청소일을 하는 어떤 사람도 일러스트레이터 일을 하지 않았(다고 생각하)기에 작가는 지금까지 누구도 보지 않은 방식으로 세상을 바라볼 수 있었다. 김예지는 그 경험을 만화로 기록한다. 그 만화를 모은 책이 바로《저 청소일 하는데요?》(21세기북스, 2019)이다.

먹고사는 일과 하고 싶은 일 사이에서

책이 나오는 과정도 쉽지 않았다. 아무런 경력도, 연줄도 없는 초보 작가를 누가 알아봐 주겠는가. SNS를 통해 그림을 올리기도 하고, 일러스트 작가 사이트에 등록도 했다. 정말로 노력하고 싶은데 "노력을 하려 하니, 노력하는 방법조차 모르"는 상황이었다. 그러다가 자기만의 콘텐츠를 가지고 있다면 그것을 출판해 줄 출판사를 만나지 못해도 출판사를 거치지 않고 작가가 직접 책을 만들어 판매하는 방법도 있다는 것을 알게 된다. 바로 독립출판이다. 김예지는 《저 청소일 하는데요?》를 먼저 독립출판물로 만들어 세상에 내놓았다.

　조심스럽게 세상에 내놓은 이 책은 많은 사람의 눈길을 끈다. 앞에서도 말했듯이 지금까지 세상에 없던 시선으로 자기 자신과 세계를 바라보는 책이니까. 눈 밝은 독자들이 먼저 알아봐 준 이 책은 결국 제법 규모 있는 출판사를 통해 다시 출판되어 누구나 쉽게 서점에서 사 볼 수 있는 책이 되었다. 그리고 다행히도 선물처럼 독자의 많은 관심까지 받았다. 작가는 책 수입금으로 작지만 한 번도 갖지 못한 작업실 계약을 하고, 일생의 소원이던 치아 교정까지 할 수 있었다. 지금까지는 청소일을 해서 번 돈 중 일부를 엄마에게 용돈을 받아 썼지만, 난생처음 수입을 관리하면서 학생에서 어른이 된 기분을 만끽했다. "인생을 책임질 독립적 존재"로 당당히 서게 된 것이다. 그건 청소일을 묵묵히 하며 꿈을 향해 전진할 수 있는 실질적 토대가 갖춰져 있기에 가능했을지 모를 일이다.

《저 청소일 하는데요?》는 꿈을 향해 꾸준히 노력한 작가의 성공담이다. 하지만 그냥 성공담으로 끝났다면 이 책이 그렇게 많은 사람의 사랑을 받지는 못했을 것 같다. 작가는 이 책에 꿈과 직업에 대한 깊이 있는 통찰을 담았다. 그 문제와 부딪히며 그것을 치열하게 고민하고 나름의 해법을 삶에 적용해 본 사람이기에 가능했던 통찰. 우리는 흔히 꿈=직업이라고 배우고, 꿈을 담지 못하는 직업을 갖으면 실패라고 여기지만, 실은 그렇지 않다.

> 원하는 직업을 가지는 것도 멋진 일이지만, 생계를 담당한다든지 안정을 담당하고 있는 직업이라도 가치 있는 노동이란 건 변함이 없다. (108쪽)

먹고사는 일은 대단히 중요한 문제이다. 그러니 어떤 일로 먹고살고 있다면 그 일을 홀대해서는 곤란하다는 것. 세상 사람들이 청소일을 어떻게 생각하는가에 연연하지 말고, 이 일이 자신에게 어떤 것을 주는지를 생각하라는 것. 그냥 꿈을 담은 이야기가 아니라 현실에 두 발을 굳

건히 딛고 있는 얘기라서 더 감동적이다. 이 책은 원하는 일과 먹고사는 일 사이에서 갈등하는 사람들에게 제3의 길을 제시한다.

그런데 이 책에서 가장 인상 깊었던 것은 작가의 엄마다. 직장을 그만두고 재취업도 되지 않고, 프리랜서로서 전망도 밝지 않고, 마음의 병까지 얻은 딸에게 청소일 같이 해 보자고 먼저 권하는 엄마. 자식에 대한 믿음과 자기가 하는 일에 대한 긍지, 세상에 대한 지혜를 고루 갖춘 엄마를 둔 것도 작가의 복이라고 생각한다.

곤란한 질문을
받은 날

무 례 한 질 문 에 까 지

답 할 필 요 는

없 어

리베카 솔닛 《여자들은 자꾸 같은 질문을 받는다》
우에노 지즈코·미나시타 기류 《비혼입니다만, 그게 어쨌다구요?!:
결혼이 위험 부담인 시대를 사는 이들에게》

남자들에게도 그런 질문을 하시나요

직장생활을 하며 몇 권의 책을 낸 작가로 살아가는 나는 종종 이런 질문을 받는다. "아이는 어떻게 키우셨어요?", "집안일은 어떻게 하시나요?", "가족들은 선생님이 바쁘게 사는 것을 이해해 주나요?" 이런 질문을 받을 때마다 나는 당황하며 내 상황을 설명하느라 진땀을 빼곤 했다. 다행히도 아이는 잘 자라 주었으며, 가사 노동은 서로 협력하며 잘해 나가고 있고, 가족들은 나를 진심으로 응원해 준다는 점을 상대방이 제발 이해해 주었으면 하는 마음으로 궁색한 답변을 들려주느라 안간힘을 썼다.

사람들이 나의 사생활을 왜 그토록 염려하는지 의아했다. 그 달갑지 않은 세간의 염려들이 불편했던 것은 물론이다. 어떤 대답을 해도 그 답이 정답이 아닌 것 같은 느낌 때문에 내내 괴로웠다. 리베카 솔닛은 나의 오랜 불편에 대해 사이다 같은 해답을 제시한다. 고구마같이 내 명치를 꽉 막히게 하는 질문들에 대해 나는 궁색한 답을 내놓느라 쩔쩔매는 대신 이런 질문을 되돌려 주었어야 했다. "남자들에게도 그런 질문을 하시나요?"

곤란한 질문을 받은 날

살아남기 위한 기술: 질문을 거부하는 것

리베카 솔닛은 전작 《남자들은 자꾸 나를 가르치려 든다》(김명남 옮김, 창비, 2015)로 '맨스플레인(mansplain; 남자가 여자에게 잘난 체하며 아랫사람 대하듯 설명하는 것)'이라는 용어를 전 세계적으로 확산시키는 데 기여한 저술가이다. 그가 이번에는 《여자들은 자꾸 같은 질문을 받는다》(김명남 옮김, 창비, 2017)라는 책으로 우리를 찾아왔다.

얼마나 많은 여성이 여자라는 이유 하나로 남자에게는 결코 던져지지 않을 질문들에 답을 하느라 전전긍긍하며 살아왔던가. 이 책은 몇 편의 에세이로 이루어져 있는데, 각각의 에세이가 독립적이지만 모두 같은 문제의식으로 연결되어 있다. 그 가운데 〈모든 질문의 어머니〉라는 에세이는 "어떤 질문이 대답할 수 있는 질문이라고 해서 모두가 꼭 답해야 하는 것은 아니"라는 것, 그리고 여자들에게 던져지는 질문들은 '여자에게 적합한 삶의 방식은 하나뿐'이라는 가정하에 이루어진다는 점을 지적한다.

결혼하지 않은 여자에게는 왜 결혼하지 않느냐고 묻고, 아이가 없는 여자에게는 왜 아이를 갖지 않느냐고 묻는다. 그 질문이 얼마나 무례한

지에 대해서는 아무도 생각하지 않는 것 같다. 결혼을 하고 아이를 키우는 여자라고 해서 질문에서 자유로울 수는 없다. 세상은 계속해서 '당신은 뭔가 부족하다'는 생각을 심어 주기 위한 질문을 던진다. 이를테면, 한 아이의 아버지는 몇 년을 자기 아이를 방치하더라도 왜 그랬냐는 질문을 받지 않지만, 그 아이의 어머니에게라면 사회는 혹독해진다. "왜 5분 동안 아이를 혼자 놔뒀나요?" 범죄자를 쳐다보는 시선과 함께 여자들은 이런 질문을 받을 수 있다. 많은 여성 직장인이 언젠가 출산하러 떠날 터이니 진지한 직업인으로 여기기 어렵다는 말을 듣는다. 동시에 일에서 성공했다면 틀림없이 육아를 게을리했을 거라는 말을 듣는다.

이런 질문과 왜곡된 시선의 포화 속에서 인간답게 살아남기 위해 우리가 할 수 있는 일은 무엇일까? 그 질문을 거부하는 기술을 익히는 것이다.

비혼입니다만, 그게 어쨌다구요?!

질문을 거부하는 기술에서 한 걸음 더 나아가 세상의 무례한 질문에 대해 반격을 가하는 책도 있다. 《비혼입니다만, 그게 어쨌다구요?!》(조승미 옮김, 동녘, 2017)라는 도발적인 제목의 이 책은 "결혼이 위험 부담인 시대를 사는 이들에게"라는 부제를 달고 있다.

비혼이라는 말도 낯설지만, '결혼이 위험 부담'이라는 말 또한 낯설 것이다. 먼저 '비혼'이라는 말부터 살펴보자. 우리는 기혼이라는 말과 미혼이라는 말에 상당히 익숙해 있다. 기혼이란 '이미' 결혼했다는 뜻이며, 미혼이란 '아직' 결혼하지 않은 상태를 의미한다. 기혼이라는 용어는 별 무리가 없어 보이지만, 미혼이라는 용어에는 너무 많은 개인 정보와 편견이 담겨 있다. 어떤 사람이 한 번 결혼했고, 그리고 이혼했다면, 그 사람은 기혼도 아니지만, 미혼도 아니다. 미혼이라는 단어는 한 번도 결혼하지 않은 사람에게만 해당하는 용어이기 때문이다. 그러니까 '미혼'이라고 지칭되는 순간, 그 사람은 한 번도 결혼하지 않은 사람이라는 삶의 이력이 드러나며, 미혼이라고 지칭될 수 없는 사람은 결혼을 했던 개인사가 드러난다. 게다가 미혼이라는 용어는 '아직' 결혼에 이르지 못하였다는 의미이니 결혼을 당연한 것으로 생각하는 우리 사회의 편견이 담겨 있다.

결혼이 당연하지 않냐고? 혼인율이 매년 역대 최저치를 갱신하는 현재의 상황을 고려해 본다면 이제 더는 결혼이 누구나 거치는 삶의 절차가 아닌 것이 분명하다. 이 책에 따르면 일본의 경우 전체 남성의 20퍼센트, 전체 여성의 10퍼센트가 생애 미혼자(50세까지 한 번도 결혼한 적이 없는 사람)라고 한다.

또, 이혼했거나 사별해서 지금은 결혼 상태가 아닌 사람은 어떤 용어로 불러야 하지? 이혼녀? 돌싱? 과부? 미망인? 이혼했다는 개인 정보를 왜 만천하에 드러내야 할까? 게다가 미망인은 '남편을 따라 죽어야 마땅하나 아직 따라 죽지 못한 사람'이라는 의미를 담고 있다고 하니 결코 환영받을 만한 용어는 아닐 것이다. 그런 의미에서 그냥 현재 혼인한 상태가 아니라는 의미만을 담은 '비혼'이라는 용어는 사회학적으로 볼 때 정확하면서도 공정한 개념이라고 하겠다.

제목에서부터 우리의 고정관념에 문제제기를 하면서 시작하는 이 책은, 결혼해서 아이를 키우는 젊은 사회학자(미나시타 기류)와, 평생 비혼으로 살아온 노장 사회학자(우에노 지즈코)가 결혼과 가족에 얽힌 지금의 다양한 사회현상에 대해 펼치는 사회학적인 수다를 담고 있다.

누구나 당연한 것처럼 결혼하던 시대는 이미 끝났다. 결혼하지 않는 사람이 늘어나고 결혼했어도 아이를 낳지 않는 사람들 또한 늘고 있다. 혼인율과 출산율이 낮아지는 추세에 이 사회는 우려의 목소리를 높인다. 저출산이 가져올 암울한 미래를 염려하며 다양한 출산 장려 정책이 고안되고 실시되지만, 혼인도, 출산도 늘어날 기미는 보이지 않는다. 이런 현상은 우리나라뿐만 아니라 일본에서도 마찬가지인 모양이다.

이 책은 먼저 모두가 결혼하는 사회현상 자체가 인류사에 보편적으로 나타나는 현상은 아니라는 점을 지적한다. 근대에 들어서면서 나타난 일시적인 현상이라는 것. 전통 사회에는 결혼할 처지에 있지 않은 사람들이 많이 있었고(일본의 경우 전근대 사회 인구의 20퍼센트가 비혼 남녀였다), 산업화·근대화와 함께 대다수가 결혼하는 사회가 되었다가, 다시 결혼하지 않는 사회가 되었다고 한다. 이 같은 주장은 결혼이 보편적이면서도 당연한 삶의 방식이라고 생각해 온 우리에게 충격을 던져 준다. 하지만 생각해 보면 모든 사람이 학교에 다니는 현상도 근대화와 함께 나타났다. 사회학이 우리가 당연하게 생각하는 사회현상에 대해 의문을 제기하고 근원을 파헤치는 학문이라는 점을 생각하면, 결혼을 둘러싼 사회현상을 두고 나누는 두 사회학자의 대담은 우리에게 '사회학이란 이런 것이다'를 보여 준다고 할 수 있다.

그렇다면 왜 결혼하려는 사람이 줄어드는 것일까? 왜 결혼을 원치 않는 사람들이 늘어나는 것일까? 먼저 혼자 살기도 힘겨운 세상이 되었기 때문이다. 빈부격차가 커지고, 경쟁은 격화되고, 고용은 불안하고, 실업은 늘고 있다. 물가는 오르고 품위 있는 삶을 위한 비용은 증가하는데, 임금은 바닥이다. 그러니 어떻게 연애를 하고 결혼을 하겠는가. 특히 여성의 입장에서 보면 결혼이란 아직도 부당한 거래이다. 과거처럼 남자가 돈 벌어 오고 여자가 가정을 돌보면 되는 시대는 이미 끝났다.

그런데도 육아를 포함한 가사 노동의 짐은 여전히 여성의 어깨에 놓인 경우가 많다. 그야말로 결혼이 '위험 부담'인 시대가 도래했다. 그러니 혼자 살 수 있다면 그걸로 되었다. 결혼은 하지 않겠다고 생각하는 사람이 늘어날 수밖에 없으니까.

부당한 질문과 강요된 침묵을 견디는 존재들

《여자들은 자꾸 같은 질문을 받는다》는 부당한 질문을 견디는 일과 함께 여자들에게 주어지는 또 하나의 족쇄가 침묵을 강요받는 것임을 지적한다. 많은 성폭력 피해자는 침묵을 강요받는다. 살인, 강도, 절도 등의 범죄가 일어났을 때 사람들은 피해자의 책임을 먼저 묻지 않는다. 피해자의 어떤 행동이 가해자의 행동을 불러일으켰는지 고려하지 않는다. 범죄는 가해자의 잘못으로 일어난 일이고 그 책임 또한 가해자에게 있다는 것이 우리의 상식이기 때문이다. 그런데 성폭력에 대해서만은 다른 잣대가 적용된다. 가해자가 성적으로 '부적절한 행동'을 하도록 피해자가 부추긴 측면은 없는지를 살핀다. 피해자가 정말로 죽을힘을 다해 거부했는지 따져 본다. 범죄 피해자가 가해자보다 더 많은 수치심을 느끼고, 피해 사실이 세상에 알려지기를 두려워하는 것도 정말 이상한 일 아닌가. 그런데 성폭력의 경우에는 이 이상한 논리가 그대로 적용된다.

의문이 생겨날 수 있을 것이다. 특히 이 글을 읽는 남성 독자들은 생각할지도 모른다. '이건 여자들의 문제 아닌가? 우리가 왜 이 글을 읽어야 하지?' 불쾌한 느낌이 생겨날 수도 있다. '남자들을 가해자로 모는 논리 아니야? 이건 일부 남자들의 잘못인데 왜 전체의 문제처럼 이야기하지? 너무 과한 것 아냐?'

부당한 질문과 침묵의 강요를 견뎌야 하는 존재가 여자들만이 아니라는 점을 기억해 주면 좋겠다. 이건 모든 사회적 약자에게 해당하는 문제이다. 어쩌다 평일 대낮에 학교 밖을 나서면 온 세상이 이런 질문을 던지지 않던가? "학생인데, 왜 이 시간에 여기에 있어?" 아무도 스물일곱 살에게, 쉰일곱 살에게 그런 질문을 던지지 않는다. 열일곱 살은 교복을 단정히 입고 학교에서 공부를 하는 것만이 유일한 삶의 방식이라고 여기는 세상의 단정이 여기에 숨어 있다.

누군에겐들 이런 불편한 경험이 없으랴. 우리는 모두 어떤 면에서 사회적 약자이니까. 그러므로 어떤 사회적 약자에게 던져지는 부당한 질문과 침묵의 강요에 민감해지는 것은 우리 모두에게 중요하다.

3부

더 좋은 세상에서
살아가고 싶을 때

소소한 불편들이
참을 수 없어지는 날

왜 여자들은

화장실에서

오래 줄을 서야 할까

캐스린 H. 앤서니 《좋아 보이는 것들의 배신:
여성과 아동, 소수자를 외면하는 일상의 디자인을 고발하다》

화장실에서 줄을 서며 드는 궁금증

영화를 보고 나오면 화장실에 가는 것이 큰일이다. 여자 화장실 앞에는 예외 없이 길고 긴 줄이 있고 그 줄은 좀처럼 줄어들지 않는다. 다리를 꼬며 바로 옆의 한산한 남자 화장실을 보고 있노라면 안면몰수하고 남자 화장실로 뛰어들고 싶은 충동을 억제하기 힘들다. 지금까지는 자제심을 발휘하는 데 성공했지만 앞으로도 계속 성공하리라고 장담할 수는 없다. 그만큼 공공장소에서 여자들이 화장실 부족으로 겪는 고통은 크다. 하지만 최근 들어 변화가 시작되었다. 이제 심심치 않게 남자 화장실보다 훨씬 큰 여자 화장실을 만날 수 있다.

화장실에서 긴 줄을 서며 인내와 분노 사이에서 심히 불편함을 느낄 때 생각나는 책이 있다. 캐스린 H. 앤서니가 쓴 《좋아 보이는 것들의 배신》(이재경 옮김, 반니, 2018)이다. 이 책은 일상의 디자인에서 여성과 아동, 소수자를 외면하고 차별하는 지점을 찾아내어 우리에게 이 문제에 주의를 기울여야 한다고 이야기한다.

남자도 여자도 아이들도 모두 불편한 화장실이라면 그 이유는?

작가는 화장실 문제에 이 책의 한 챕터를 할애하여 평등을 가장해 설계된 화장실이 사실은 얼마나 여성을 차별하는지를 고발한다. 그뿐인가. 기저귀 교환대가 여자 화장실에만 설치된 것을 보라. 이것은 돌봄 노동이 여성만의 것이라는 암묵적 메시지를 유포할 뿐만 아니라 아이와 함께 외출한 아빠에게 심각한 불편을 초래한다.

성별로 분리된 화장실도 문제다. 알츠하이머를 앓고 있는 어머니와 외출한 아들은 화장실 밖에서 불안해하며 어머니가 무사히 화장실에서 나오기를 기다려야 한다. 어린 아들을 데리고 외출한 엄마도 밖에서 남자 화장실 안을 기웃거리며 아들이 나오기를 기다려야 한다. 혼자서 화장실을 이용하는 것이 어려운 사람들도 분명 있으니 이들을 위한 '가족 화장실'이 필요하다.

남자들이라고 해서 공중화장실이 마냥 편안하지만은 않다. 남자 화장실의 소변기는 사생활을 보장해 주지 않는다. 학교 화장실은 다양한 괴롭힘의 온상이 되기 쉽고, 이때 겪은 상처로 인해 오랜 세월 고통을 겪는 사람도 있다.

성인을 중심으로 설계된 화장실은 아이들에게 큰 불편을 안겨 준다. 대부분의 화장실에는 아이 키에 맞는 세면대가 없다. 누군가 들어 올려 주지 않으면 아이들은 제대로 손을 씻을 수 없다. 핸드드라이어를 사용하는 것도 불가능하다. 발판을 놓으면 될 것 아니냐고 하지만, 그 발판이 미끄러졌을 때 큰 사고로 이어질 수 있고, 그에 따른 법적 책임이 따를 수 있기 때문에 건물주들은 발판 설치를 외면한다.

《좋아 보이는 것들의 배신》은 사소해 보이지만 커다란 문제, 우리가 놓치고 있던 문제들을 계속 지적한다. 높은 침대는 거동이 불편한 사람에게 위험 요소이며, 아이들의 로망인 2층 침대 역시 큰 사고로 이어질 수 있다. 유행하는 큼직한 가방이 여성들의 척추를 망가뜨리고 있으며, 끈 팬티는 여성 건강에 매우 해롭다. 앞으로 엎어지기 쉬운 TV는 아이들의 생명도 앗아 갈 수 있다. 스마트폰을 뒷주머니에 넣고 다니는 버릇은 앉을 때 짝짝이로 앉게 만들기 때문에 척추에 해롭고, 앞주머니에 넣고 다니는 버릇은 스마트폰의 전자파가 남성의 특정 부위에 너무 가깝게 작용하기 때문에 해롭다.

디자인으로 해결할 수 있다

《좋아 보이는 것들의 배신》은 우리가 일상의 디자인에서 겪는 불편과 고통에 주목하고, 그것을 디자인 차원에서 해결한 사례들을 소개한다. 화장실 세면대에 손이 닿지 않는 어린이들의 문제는 간단하게 해결할 수 있다. 바닥에 단단히 고정되어 있으면서 극장 의자처럼 접었다 폈다 할 수 있는 발판을 개발한 것이다.

젠더 중립 화장실 또는 남녀 공용 화장실도 제안한다. 화장실 한 칸에 양변기와 세면대, 거울을 갖춘 독자적인 구조로 화장실을 설계하면 여러 가지 문제가 해결될 수 있다. 남녀 모두 충분히 사생활을 보장받을 수 있고, 도움이 필요한 사람을 위해 함께 화장실에 들어가는 것도 가능하다. 남자 혹은 여자의 수가 월등히 많은 상황이라도 어느 한쪽의 화장실이 부족해지는 문제가 발생하지 않는다.

여기서 끝이 아니다. 저자는 다시 묻는다. "그런데 왜 이런 가족용 화장실이 상류층과 중산층 여행객이 많은 공항에는 우후죽순 생기면서 열차역과 버스 터미널처럼 서민층이 많이 사용하는 대중교통 시설에는 보이지 않는 걸까?" 어떤 디자인의 해로움이 특정 집단에게만 더 강력

하게 영향을 미치거나 새로운 디자인의 이점이 특정 집단만 누릴 수 있는 혜택이 되는 문제에 대해서도 경계의 시선을 늦추지 않는 것이다. 특정 젠더(여성), 특정 연령대 사람들(어린이와 노인)이 디자인 편향의 불이익을 당하는 것에서 더 나아가 특정 체형 사람들 또한 불이익의 대상이 된다고 저자는 꼬집는다.

> 항상 특정 체형의 사람들만 디자인에 따른 불이익을 받는 것 역시 아니다. 하지만 디자인이 특정 체형을 배제할 때, 소위 '평균적이지 않은 사람들'—평균보다 키가 작거나 특대 체형, 가시적/비가시적 신체 장애가 있는 사람들—이 단골 피해자가 된다. (20쪽)

디자인은 어떤 것을 더 보기 좋게, 사용하기 좋게 만드는 것으로 끝나는 문제가 아니다. 디자인은 우리가 세상을 바라보는 방식을 대변한다. 우리가 사는 세계가 성인 남성 중심으로 돌아가기에 디자이너들은 버스나 전철의 손잡이를 높은 곳에 매다는 것이다. 키 작은 여자나 어린아이들의 손이 결코 닿지 않는 높이다. 그런데, 얼마 전부터 다양한 높이로 손잡이가 달린 전철을 탈 수 있게 되었다. 이건 사소한 변화로 보일지 모르지만 결코 사소하지 않다.

부엌 싱크대 높이에 대해서도 생각해 볼 만하다. 평생 평균 이하의 키로 살아온 내게 싱크대는 늘 조금 높았다. 싱크대 앞에 서서 더 많은 시간을 보내는 것은 여성인데, 싱크대는 성인 남성의 키에 맞춰져 있다는 불만을 품고 있었다. 그런데, 싱크대 높이가 더 높아져야 한다고 주장하는 글을 읽고 깜짝 놀랐다. 여자 키에 싱크대 높이를 맞추는 것은 싱크대 앞에 서는 사람이 여자임을 전제로 한 디자인이니, 더 많은 남성이 부엌일을 하려면 남자 키에 싱크대 높이를 맞춰야 한다는 것. 좋은 디자인은 '지금 여기'의 현실을 반영하지만, 더 좋은 디자인은 바람직한 미래를 담는다.

혐오 표현이
궁금해지는 날

말은 언제나
칼이 될 수
있으니

홍성수 《말이 칼이 될 때》

강남역 묻지 마 범죄에 묻는다

2016년 5월, 서울 강남역 근처 화장실에서 한 여성이 살해되었다. 화장실에 숨어서 '적당한' 범죄 대상을 기다리던 범인은 6명의 남자들을 그대로 보내고 난 뒤, 이어서 화장실에 들어온 여성을 식칼로 찔러 죽였다. 그는 "평소 여자들에게 무시를 당해 왔는데, 더는 참을 수 없어 범행을 저질렀다"고 범행 동기를 밝혔다. 이 사건이 정신병자가 저지른 '묻지 마' 살인으로 해석되는 것에 분개한 많은 사람이 강남역으로 몰려들었다. 피해 여성을 추모하고, 여성 혐오의 세상을 규탄하는 쪽지들이 강남역 10번 출구를 뒤덮었다.

이 사건은 명백히 여성 혐오로 인해 일어난 '혐오 살인'이라는 목소리가 높아졌다. 이 시간을 계기로 우리는 익숙했던 단어 하나를 새롭게 만나게 된다. 훨씬 이전부터 민감하게 혐오라는 단어를 사용한 사람들도 있지만, 사회의 다수 구성원이 특정한 맥락에서 혐오라는 단어를 사용하게 된 것이다.

혐오, 혐오 표현, 혐오 범죄

상하이에서 도시락 폭탄을 던졌던 윤봉길 의사의 행동을 우리는 '의거'라고 부르지만, 일본 제국주의 시선에서는 '테러'라고 부른다. 1980년 광주민주화운동은 독재정권에 의해 '폭동'이라는 이름이 붙었다. 어떤 현상을 어떤 이름으로 부르는가는 매우 중요한 문제이다. 우리가 "된장녀", "김치녀"와 같은 단어에 대해 '혐오 표현'이라는 말을 사용하는 순간, 이 말들은 그저 개념 없는 여자들을 얕잡아 부르는 말이 아니라 여성이라는 집단 전체에 모욕과 위협을 담은 말로 인식된다.

《말이 칼이 될 때》(어크로스, 2018)는 우리 사회에서 혐오 표현이 어떻게 성행하며 그 해악은 무엇인지, 그것을 막을 길은 무엇인지 종합적으로 살펴보는 책이다. 혐오 표현에 대해 전문적으로 연구한 법학자인 저자의 폭넓은 식견과 깊이 있는 성찰이 돋보인다. 이 책을 따라가며 혐오 표현에 대해 더 알아보자.

'혐오'의 사전적 의미는 '미워하고 싫어함'이다. "혐오 식품", "혐오 시설"처럼 특정한 것을 강력하게 기피하고 싫어할 때 사용하는 말인데, '혐오 표현'이나 '혐오 범죄'라고 말할 때의 혐오는 이런 일상적인 의미에서

한 발자국 더 나아가는 것이다. 그냥 감정적으로 싫은 것을 넘어서서 어떤 집단에 속한 사람들의 고유한 정체성을 부정하거나 차별하고 배제하려는 태도를 뜻한다.

어떤 사람이 파란색 옷을 입은 친구에게 "나는 파란 옷이 싫다"고 말했다면, 이것은 매우 무례하고 교양 없는 행동이지만, 그뿐이다. 이에 대해서는 "내가 무슨 색을 입건 네가 무슨 상관?"이라고 응수할 수도 있고, "나도 네가 입은 옷이 마음에 들어서 가만있는 것은 아니거든" 하면서 맞받아치면 그만일 것이다. 하지만, 차도르를 쓴 친구를 보고 "나는 차도르가 싫어"라고 말할 때는 문제가 달라진다. 차도르는 무슬림 여성의 복장이며, 무슬림의 고유한 정체성과 깊은 관련이 있으므로 차도르가 싫다는 발언은 상대방의 정체성을 부정하는 발언이 된다.

게다가 차도르가 싫다는 발언이 무슬림이 소수자로서 차별받는 상황에서 이루어졌다면 이것은 심각한 혐오 표현이 된다. 차도르를 입은 상대방은 자신의 정체성이 부정당하고, 자신이 그 사회로부터 배제당한다고 느낄 것이다. 그리고 그것은 많은 경우 그냥 기분 나쁜 문제를 넘어 현실적인 위협으로 다가온다. "동성애자는 다 추방해 버려야 해"라는 말은 동성애자가 소수인 이성애자 중심 사회에서 동성애자 개인이나 집

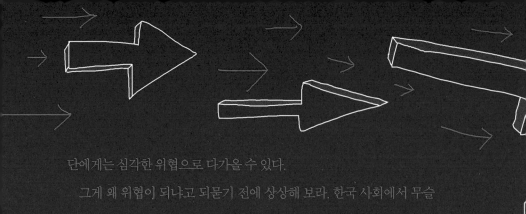

단에게는 심각한 위협으로 다가올 수 있다.

그게 왜 위협이 되냐고 되묻기 전에 상상해 보라. 한국 사회에서 무슬림이 "나는 십자가 목걸이를 한 사람들이 싫어!"라고 맞받아친다고 해서 기독교인이 위협을 느낄까? 동성애자들이 "나도 이성애자 싫어하거든!" 하고 맞받아친다고 해서 이성애자들이 자신이 부정당하고 위협당했다고 느낄까?

혐오 표현은 정신적 고통을 유발하고 시민 사회를 위협한다

혐오 표현은 왜 문제가 되는가? 먼저 혐오 표현은 정신적 고통을 유발한다. 혐오 표현의 해악은 개인만이 아니라 소수자 집단 전체에 미친다. 특정 이주노동자 개인을 두고 "냄새나는 외국인 노동자들은 자기네 나라로 갔으면 좋겠다"라고 말했다 할지라도 그로 인해 고통받는 것은 소수자 집단 전체이다. 특정한 여성을 두고 "김치녀"라 손가락질하더라도, 그 말 자체가 여성에 대한 편견을 강화한다는 점에서 여성 전체가 고통받는다.

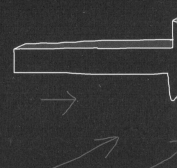

또한 혐오 표현은 소수자들이 시민으로서 함께 살아갈 수 있는 공존 조건을 파괴한다. 동남아 외국인 노동자를 조롱하고 모욕하는 TV 프로그램이 연일 방영된다면 그들은 학교, 회사 등 각종 사회생활에서 위축될 수밖에 없다. 가장 심각한 것은 혐오 표현이 차별, 범죄, 학살 등으로 확대된다는 점이다. 수많은 역사적 경험이 이를 증명한다. 성소수자에 대해 특별한 생각을 하지 않던 사람도 "우리가 내는 세금이 동성애자를 위해 쓰인다"라는 말에 동성애자에 대한 거부감이 커질 수 있으며, 취업난에 고통받는 사람이 "일자리를 빼앗는 외국인 노동자"라는 말에 외국인 노동자에 대한 적개심을 키울 수 있다.

역사적으로 파시즘이 경제 위기와 함께 나타난 것은 결코 우연이 아니다. 나치즘이 중간 계층의 위기에서 싹텄다는 것은 널리 알려진 사실이다. (226쪽)

특정한 집단을 부정하고 배제하며 차별하는 혐오 표현은, 그 대상이 되는 소수자 집단뿐만 아니라 사회 구성원 전체에게 위협이 된다. 그러므로 우리는 혐오 표현에 대해 민감하게 반응하고, 단호하게 대처할 수 있어야 한다. 고통받는 누군가를 위해서만이 아니라 바로 나 자신을 위한 길이기도 하다.

어떤 이는 반문할지도 모르겠다. 나쁜 의도로 한 말이 아닌데도 문제가 되느냐고. 적어도 혐오 표현의 경우에는 의도와 상관없이 문제가 된다. 나쁜 의도가 없었더라도 나쁜 효과를 낳고 있다면 그 자체로 문제가 될 수 있다. 숱한 성희롱 사건에서 가해자들이 일관되게 말하지 않던가. "그런 의도는 없었다"고. 그것이 성희롱인지 아닌지를 결정짓는 것은 상대방이 그것을 어떻게 받아들였나 하는 것이다. 누군가 좋은 의도로 한 일이라도 상대방이 성적 수치심을 느꼈다면 성희롱이 성립되듯이, 혐오 표현에서도 중요한 것은 그것이 어떤 효과를 낳았느냐 하는 것이다.

그렇게 모든 것을 조심해야 한다면 무슨 말을 마음 놓고 하겠느냐고 개탄하는 이도 있을지 모르겠다. 그러나 원래 말은 조심해서 해야 하는 것이다. 말은 언제든 칼이 될 수 있기에.

남자와 여자,
그 이분법이 불편해진 날

성 별 이

그 렇 게 까 지

중 요 해 ?

어슐러 K. 르 귄 《어둠의 왼손》

게르드 브란튼베르그 《이갈리아의 딸들》

한 아이의 불행으로 담보되는 한 나라의 행복

《어둠의 왼손》(최용준 옮김, 시공사, 2014)을 쓴 작가 어슐러 K. 르 귄을 잘 모르는 사람도 많겠지만, 많은 사람이 그의 작품을 이미 알고 있다고 단언할 수 있다. 그야말로 지구적 인기를 구가하는 방탄소년단의 〈봄날〉 뮤직비디오의 배경으로 등장하는 호텔이 떠오르는가? 만약 그 호텔 이름이 생각나지 않는다면 당신은 진정한 방탄 팬이라고 할 수 없다. 호텔의 이름은 오멜라스다. 이 아름다운 뮤직비디오는 르 귄의 단편 〈오멜라스를 떠나는 사람들〉을 모티브로 하고 있다.

〈오멜라스를 떠나는 사람들〉의 오멜라스는 살기 좋은 나라이다. 다만 한 아이가 가혹한 처지에 놓여 있다는 것만 빼고는. 사람들은 이 아이의 존재를 알고 있고, 이 아이가 겪는 고통에 대해서도 알고 있다. 하지만 외면한다. 모른 척한다. 이 아이가 고통 속에 있어야만 오멜라스의 행복이 유지되기 때문이다. 이 아이를 고통 속에서 구해 내는 순간, 오멜라스에는 어떤 불행이 닥칠지도 모른다. 누군가의 불행을 담보로 유지되는 행복에 회의를 느낀 사람들이 하나둘 오멜라스를 떠나는 상황이 〈오멜라스를 떠나는 사람들〉에 담긴 이야기이다.

남자도 여자도 아닌 존재를 상상하다

오멜라스는 현실 속에 존재하는 나라가 아니고, 한 아이의 고통으로 행복이 유지되는 나라도 이 세상 이야기는 아니다. 이런 이야기를 우리는 '판타지 소설'이라고 부른다. 르 귄은 판타지 소설계의 거장이며, 《어둠의 왼손》 역시 판타지 소설이다.

《어둠의 왼손》은 겨울 행성 게센에서 벌어지는 이야기이다. 겨울 행성이라는 별칭에서 알 수 있듯이 게센은 겨울의 추위와 가혹한 자연환경이 지배하는 행성이다. 이곳에 지구의 특사 아이가 파견된다. 게센인과 지구인들 사이의 교류를 추진하기 위해서이다. 여기서 아이가 마주친 게센인들은 어떤 면에서 지구인과 아주 비슷한데, 결정적인 차이가 있다면, 이들에게는 성별이 아예 없다는 것이다. 이들은 태어날 때부터 남성도 여성도 아닌 존재이다. 양성성을 고루 지닌 채로

살다가 케메르라고 하는 주기가 찾아오면 남성성 혹은 여성성이 발현되면서 일시적으로 남성이 되거나 여성이 된다.

특이한 것은 게센인이 케메르 시기에 남성이 될지 여성이 될지는 고정되지 않았으며, 어떤 의도를 가지고 조절할 수도 없다는 점이다. 이번 케메르 시기에는 여성이 되어서 아이를 임신하고 출산할 수도 있지만, 다음번 케메르 시기에는 남성성을 발현할 수도 있다. 게센의 왕은 남성으로 세 아이의 아버지가 되었지만, 아이가 그를 만났을 때에는 여성이 되어 아이를 임신했다.《어둠의 왼손》은 남성도 여성도 아닌 존재로 살아가는 사람들의 사회를 상상한 소설이다.

아이가 태어나면 제일 먼저 "여자아이인가요, 남자아이인가요?"를 물어보는 지구인들의 입장에서 보면 황당하기 짝이 없는 전개이지만, 게센인들의 눈에는 지구인들이 너무나 이상하다. '남성이나 여성이 되는 것은 가임기(동물로 치면 교미기)에나 가능한 일인데, 지구인들은 평생 남성이나 여성으로 살다니, 이

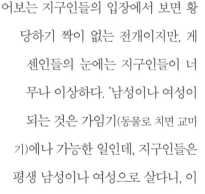

남자와 여자, 그 이분법이 불편해진 날

런 음탕한 일이 있나? 이들은 평생 발정 상태란 말인가?' 게센인들은 이렇게 생각하는 것이다. 평생을 남성 혹은 여성으로 고정된 채 살아간다는 지구인을 상상하기 어려운 게센인들은 남자 지구인 아이에게 묻는다. 당신은 남자라 치고, 그렇다면 여자는 어떤 존재인가요, 라고.

여자는 … 여자는 적게 먹는 편입니다. 하지만 선천적인 차이와 후천적인 차이를 구별하기는 아주 어렵습니다. 심지어 여자가 남자와 똑같이 사회 활동에 참여하는 곳에서도 아기를 낳고 기르는 일은 여전히 여자들이 맡아 합니다…. (322쪽)

이렇게 지구인에 대해 정리한 지구인 아이는 이어서 설명한다. 한 사람의 인생을 결정하는 가장 큰 요인은 그 사람이 남자로 태어났는가 여자로 태어났는가라고. 그 단순한 사실이 그 사람이 사회생활을 하는 동안 그 사람의 기대, 행동, 사고방식, 윤리성, 태도 전부를 결정한다고.

한 사람을 이루는 수많은 요소 가운데 성별이 그토록 큰 중요성과 영향력을 가진다는 사실을 게센인들은 납득할 수가 없다. 당연한 일이다. 게센인들에게 남성이 되거나 여성이 되는 것은 아주 일시적이고 우연한 일이다. 그들은 생애 대부분을 남성도 여성도 아닌 그냥 '인간'으로 살아가고 있다. 그런 우연적이고 일시적인 요소로 생의 많은 것이 결정되다니, 이상하지 않은가.

다른 방식으로 '지금, 여기'에서의 삶을 성찰하라

판타지 소설은 '지금, 여기'에서의 삶에 대한 의문에서 시작한다. 우리가 당연하게 여기는 이것은 정말 당연한 일인지 묻기 위해 그것들이 당연하지 않은 세상을 상상하며 이야기를 펼쳐 나간다. 혹은 이 당연한 일이 너무도 당연하게 극단적으로 전개될 때 어떤 일이 벌어질지를 상상하기도 한다. 책을 금지하는 세상을 상상해 보기도 하고(레이 브래드버리《화씨 451》(박상준 옮김, 황금가지, 2009)), 불행을 극도로 회피하고 행복만을 추구하는 극단적 사회를 설정해 보기도 한다(올더스 헉슬리《멋진 신세계》). 이렇게 펼쳐지는 상상력은 '지금, 여기'에서의 삶을 성찰하도록 만든다.

《어둠의 왼손》이 던지는 질문은 분명하다. 남성 혹은 여성으로 구분되는 삶을 당연하게 받아들이는 것은 정말 당연한가? 성별로 많은 것이 결정되는 사회는 정말 당연한가? 우리가 성별에 부여하는 의미가 지나치게 과도한 것은 아닌가?

남성과 여성에 대한 색다른 상상을 하는 판타지 소설이 또 있다. 이 소설에는 외계인이나 낯선 행성 따위는 등장하지 않지만 그래도 판타지이다.

페트로니우스 엄마는 장관으로 바깥일을 하느라 늘 바쁘고, 아빠는 엄마를 살뜰하게 내조하며 아름다운 외모를 가꾸기에 여념이 없는 가정에서 성장했다. 페트로니우스가 잠수부가 되고 싶다고 하자, 누나는 "남자가 잠수를 한다고? 남자를 위한 잠수복이나 있을까 몰라"라며 빈정거린다. 아빠는 페트로니우스에게 여자들에게 인기 있고 사랑받는 남자가 되려면 몸가짐을 조신하게 해야 한다고 충고한다. 페트로니우스는 다행히 자기는 페니스가 작아 여자들에게 사랑받을 수 있을 것이라고 속으로 안도한다.

단지 성별이 바뀌었을 뿐인데, 우리는 이 이야기가 너무 낯설다. 이 낯선 이야기의 출처는 《이갈리아의 딸들》(히스테리아 옮김, 황금가지, 1996)이다. 게르드 브란튼베르그는 이 소설을 통해 남녀의 성역할이 뒤바뀐 사회의 이야기를 그려 내는 데 성공했다.

그런데, 이건 소설 속에서만 일어나는 일이 아니다. 성역할이 다르게 설정된 사회가 지구상에 실재한다. 아라페쉬족은 여자와 남자 모두 자녀의 양육에 적극적으로 참여하고, 공격적인 행동을 기피하고 부드러운 감성과 평화를 강조한다. 먼더거머족은 남녀 모두 격렬하고 경쟁적인 문화 속에서 살아간다. 챔불리족은 몸치장에 관심을 가지고 무용, 음악, 직조 등에 종사하는 사람은 남성이며, 고기를 잡거나 채집을 하는 생계 활동은 여자들이 책임지는 문화를 가지고 있다. 인류학자 마거릿 미드가 쓴《세 부족사회에서의 성과 기질》(조한혜정 옮김, 이화여자대학교출판문화원, 1998)이라는 연구에 담긴 사례이다. 남태평양에 사는 세 부족이 성역할에서 이처럼 서로 다른 모습을 보인다는 점을 묘사하면서 마거릿 미드는 우리 사회 전반에 강력하게 퍼져 있는 성역할에 의문을 제기한다.

《이갈리아의 딸들》이나《세 부족사회에서의 성과 기질》모두 남성과 여성의 성역할이 생물학적인 영역에서 결정되는 '자연 현상'이 아니라 사회 관계 속에서 결정되는 '사회 현상'이라는 것을 보여 주고자 한다.

당연함이 불편할 때 당연하지 않음을 상상하기

르 귄을 거장의 반열에 올려놓은 《어스시의 마법사》(최준영·이지연 옮김, 황금가지, 2006)의 주인공인 마법사 게드는 남성이다. 그 밖의 등장인물도 대부분 남성이다. 그는 여성 마법사를 등장시키기 위해 고심했고, 이 시리즈의 4편에 이르러서야 여성 마법사 테나를 창조해 냈다. 긍정적인 주인공도 남성이고, 이야기의 중심축도 남성인 이야기가 우리에게는 숨 쉬듯 자연스러워서 이상하게 생각할 것도 없어 보이는데, 르 귄의 생각은 달랐던 모양이다. "내가 작가로서 한 일은 남자처럼 생각하는 여자를 만들어 낸 것이었다. 나는 내 모든 접근법을 다시 생각해야 했다. 성별의 관점에서 특권과 권력, 지배 구조 등을 생각해야 했다. 그때까지 SF 및 판타지 소설이 할 수 없었던 무언가가 있었다"고 이야기한다.

이런 고민 속에서 탄생한 작품이 《어둠의 왼손》이다. 남성의 역할을 거침없이 해내는 여성 캐릭터가 그동안 창조해 낸 캐릭터의 한계라면, 《어둠의 왼손》에서 르 귄은 이 한계를 훌쩍 뛰어넘어 전혀 새로운 세계로 나아간다. 아예 성별의 구분이 무의미한 세계를 창조해 낸 것이다. 우리는 르 귄이 창조해 낸 이 새로운 세계를 탐험하면서 '지금, 여기'에서 벌어지는 남성과 여성의 세계를 낯설게 바라볼 수 있다.

르 귄은 왜 여성 캐릭터를 창조하거나 성별의 의미가 사라진 세계를 만들어 내기 위해 고심했을까? 이 문제가 궁금하다면 인터넷에 접속해서 어슐러 K. 르 귄을 검색창에 입력해 보라. 르 귄의 사진을 보고 깜짝 놀랐는가? 우리는 이토록 성별 고정관념에 젖어 있다. 남자 사람이 판을 치는 SF 판타지 소설 세계에서 거장으로 우뚝하게 자리매김한 어슐러 K. 르 귄은 여자 사람이다.

내가 나쁜 사람이 될까 봐
걱정스러운 날

악마의 유혹을
물리치는
최강 주문

필립 짐바르도
〈루시퍼 이펙트: 무엇이 선량한 사람을 악하게 만드는가〉

인간이란 악한 존재인가?

2003년, 세계를 충격에 빠뜨린 사건이 일어났다. 이라크에 주둔하던 미군이 포로로 잡힌 이라크인 수감자들에게 가혹행위를 하는 사진이 공개된 것이다. 사진들은 모두 입에 담기도 어려울 정도로 가혹한 학대와 고문의 장면을 담고 있었다. 미군들은 이 가혹행위를 '기념'하기 위해 고통받는 포로들 앞에서 사진을 찍고, 그 사진들을 공유하기도 하였다. 이렇게 기념사진을 찍고 공유한다는 것은 자신들이 무슨 일을 저지르는지 전혀 자각하지 못했을 때만 보여 줄 수 있는 행동이다. 부끄럽게 여겼거나 죄책감을 느꼈다면 감추려고 했을 것이고, 감히 '기념사진'을 남기려고 하지 않았을 것이다. 이 사진들은 우리에게 질문을 던진다. 인간이란 이다지도 악한 존재인가?

미국 정부는 비인간적인 포로 학대를 자행한 자들이 사과상자 속 '썩은 사과' 같은 존재라고 주장했다. 상자 속 다른 사과들까지 썩지 않도록 썩은 사과를 말끔하게 골라내겠다고 단언하면서 수사와 재판을 진행했다. 그런데, 이러한 미국 정부의 조치에 의문을 제기하는 학자가 있었다. 그의 이름은 필립 짐바르도. 짐바르도는 묻는다.

"과연 일부 '썩은 사과'가 문제일까요? 혹시 그 상자가 사과를 썩게 만드는 '썩은 상자'는 아닌가요?"

썩은 사과를 만든 건 썩은 상자

필립 짐바르도의 문제제기에는 근거가 있다. 그는 이라크의 포로 학대 사건이 일어나기 훨씬 전인 1971년에 '스탠퍼드 감옥 실험'을 진행했던 사람이다. 평범한 실험참가자들의 역할을 교도관과 죄수로 나누고 모의 감옥 상황을 만들어, 이런 상황에서 사람들은 어떻게 행동하는지를 관찰하는 연구였는데, 연구가 진행되고 참가자들이 자신의 역할에 몰입하면서 점차 심각한 문제가 생겨났다. 교도관들이 점점 심하게 수감자들을 학대하고 고문하였고, 수감자 역할을 하는 사람들에게 정서 장애까지 생기자 결국 실험 6일 만에 실험을 중단할 수밖에 없었다. 《루시퍼 이펙트》(이충호·임지원 옮김, 웅진지식하우스, 2007)는 이 실험을 진행한 필립 짐바르도가 실험 시행 35년 만에 실험을 전면 공개하고 그 실험이 함의하는 바를 세밀하게 분석하여 정리한 책이다. 그는 인간 본성의 어두운

측면과 악의 근원을 파헤치면서, 이를 토대로 2004년 이라크 아부그라이브 포로수용소에서 발생한 포로 학대 사건의 원인 또한 분석하였다.

필립 짐바르도는 이라크에서 일어난 포로 학대 사진을 보면서 깜짝 놀랄 수밖에 없었는데, 그 이유는 사진 속에서 포로를 학대하는 방법이 스탠퍼드 감옥 실험에서 수감자를 학대하던 방식과 유사했기 때문이었다. 상대방을 벌거벗기고, 모욕적인 자세를 취하게 하고, 머리에 무언가를 뒤집어씌우는 등등의 행동들이 정말로 비슷했다! 필립 짐바르도는 이 두 사건의 유사성에 주목하면서 1971년 스탠퍼드 모의 감옥과 2003년 이라크 포로수용소에 공통으로 작용한 '상황의 힘'을 분석한다. 한마디로 말하자면, 썩은 사과 한두 개가 문제가 아니라, 사과를 썩게 하는 상자 자체가 문제인 것이다. 누구든 그 상황에 처한다면 그런 비인간적인 행동을 할 수밖에 없다는 것.

'상황을 이해하자'라고 하면 많은 이들이 "그럼 죄를 지은 사람은 잘못이 없다는 말이냐", "모든 것을 상황 탓으로 돌리자는 말이냐"라며 불편한 심정을 드러낸다. 그러나 상황을 제대로 파악하는 것은 유사한 사태의 재발을 막기 위해서 꼭 필요하다.

처벌만으로 만사가 해결되는 것은 아니다. '나쁜 시스템'이 '나쁜 상황'을 만들고, '나쁜 상황'은 '나쁜 사과'를 만들고, '나쁜 사과'는 심지어 선량한 사람에게도 '나쁜 행동'을 하게 만든다. (632~633쪽)

누구든 그 상황에서는 그렇게 하게 된다

짐바르도는 이와 같은 상황의 힘을 여러 사례를 들어 설명한다. 미국의 한 초등학교에서 일어난 사례를 보자. 어느 날 선생님이 선언한다. "푸른 눈을 가진 사람은 우월한 존재이고, 갈색 눈을 가진 사람은 열등한 존재입니다." 발표 기회도 푸른 눈을 가진 아이에게 먼저 주고, 간식을 먹는 순서도 푸른 눈이 먼저이다. 선생님의 칭찬도 물론 푸른 눈의 아이들에게 향한다. 처음에는 이 상황을 의아하게 받아들이던 아이들도 시간이 흐르자 순식간에 적응을 한다. 푸른 눈 아이들은 갈색 눈 아이들을 무시했으며 갈색 눈 아이들은 열등감을 느끼고 주눅이 들었다.

다음 날, 선생님이 다시 선언한다. 오늘은 그 반대라고. 갈색 눈이 최고이며, 푸른 눈은 그다음이라고. 하루아침에 규칙이 뒤집어졌어도 아이들은 또 적응을 했다. 어제 갈색 눈이 느꼈던 모멸감을 오늘은 푸른 눈이 느끼게 되었다. 하루는 갈색 눈이 우월한 날로 정하고, 또 하루는 파란 눈이 우월한 날로 정해서 학생들로 하여금 편견의 희생자가 되거나 가해자가 되는 경험을 해 보도록 하는 실험이었는데(이 이야기는 윌리엄 피터스《푸른 눈, 갈색 눈》(김희경 옮김, 한겨레출판, 2012)이라는 책으로 출판되었다) 전에는 협동심도 많고 사려 깊던 아이들이, 실험이 시작되면서 곧바로 상대방을 적대감을 가지고 대하고 멸시하는 것을 확인할 수 있다.

흥미로운 사례는 또 있다. 한 고등학교 교사가 나치 학살에 대한 수업을 하다가 이런 질문을 받았다. "선생님. 그때 독일 시민들도 다들 생각이 있었을 텐데 어떻게 그런 일이 가능했을까요?" 선생님은 이 질문에 대한 답변으로 실험을 실시한다. 독일의 나치 정권 치하에서 벌어졌던 여러 강압적이고 전체주의적인 정책들을 그대로 따라 하는 모의 역할 실험이었다. 놀랍게도 학교 전체가 전체주의의 파도에 휩쓸리는 데 걸린 시간은 단 5일이었다! '파도'라는 엘리트 서클이 만들어지자 학생들은 그 서클에 들어가기 위해 무슨 짓이든 했다. 파도의 멤버들은 우월감에 도취되었으며 파도에 들어가지 못한 학생들은 열등감에 시달렸다. 학생들은 서로 싸우고, 멸시하고 혐오했다(이 실험은 〈물결〉이라는 제목의 다큐멘터리로 제작되었으며, 똑같은 방식으로 독일에서 이루어진 실험은 토드 스트라써《파도》(김재희 옮김, 서연비람, 2017)라는 책으로 출판되었다). 이 밖에도 무수히 많은 사례가 제시된다. 이 사례들이 한목소리로 말하는 것은 바로 '상황의 힘'이다.

이 사례를 들으며 연상되는 이야기가 있기를 바란다. 오늘도 여러분들의 교실에서 일어나는 일이다. 따돌림은 아주 사소한 것에서 시작된다. 머리를 감고 오지 않았다든지, 수업 시간에 선생님의 질문에 대답을 잘한다든지, 그냥 표정이 좀 어둡다든지. 무엇이든 따돌림의 이유가 된다. 심지어 너무 예쁜 것도, 이성에게 너무 인기가 많은 것도 따돌림의 이유가 될 수 있다. "○○이, 걔 좀 이상하지 않니?"라는 말에서 시작되는 수근거림은 곧바로 누군가를 사회적 죽음으로 몰고 간다. 따돌림을 주도하는 몇몇을 제외하고는 그 상황이 옳지 않다고 느끼지만, 외면한다. 공연히 나섰다가 내가 왕따가 되면 곤란하니까. 이건 잘못되었다고, 다들 그만두라고, 그 한마디면 상황이 끝날 수도 있는데, 그 한마디가 너무 어렵다. '상황'은 아주 힘이 세다.

제 잘못입니다!

여기서 우리가 특별히 귀를 기울여야 할 대목은 '누구든' 그 상황에서는 그렇게 될 수 있다는 점이다. 나만 예외라고 생각해서는 곤란하다. 개개인의 품성이나 의지의 문제를 넘어서는 힘이 작용하기 때문이다. 나쁜 행동을 유발하는 나쁜 상황 자체를 만들지 말아야 한다. 그러므로 이라크 포로 학대와 같은 나쁜 상황이 발생했을 때, 직접 학대와 고문을 감행한 군인들이 처벌받은 것과 마찬가지로 나쁜 상황을 만들어 낸 고위 책임자들도 함께 처벌받고 책임을 져야 한다고, 짐바르도는 주장한다.

"누구나 그 상황에서는 그렇게 하게 된다"는 대목에서 우울해졌는가? 인간이 악에 대해 그렇게 취약한 존재라는 사실이 서글픈가? 하지만 절망할 필요는 없다. 저자의 주장을 뒤집어서 생각해 보면 '착한 행동'을 권장하는 '착한 상황' 속에서는 누구든 착하게 살 수 있다는 뜻 아닌가. 그러니 우리 모두가 착한 상황을 만들려고 노력하면 된다.

그리고 좋은 소식 또 하나. 상황에 따라 누구든 악마(루시퍼)가 될 수 있지만, 누구든 영웅도 될 수 있다. 이라크 포로 학대 사건은 동료들의 범죄를 두고 볼 수 없었던 한 정직한 영웅의 제보에 의해 세상에 모습을 드러냈다. 우리는 여러 매체를 통해 이런 훌륭한 영웅의 이야기를 수시로 접한다. 그런데 그들은 모두 한목소리로 말한다. "특별한 것은 없습니다. 그저 그 순간에 해야 할 일을 했을 뿐입니다."

짐바르도는 말한다. 특별한 것은 없다고. 정신만 똑바로 차리면 누구든 악마의 유혹을 뿌리치고 영웅으로 살 수 있다고. 그러면서 악한 상황에 맞서는 10단계 프로그램을 제시한다. 놀랍게도 프로그램의 1단계는 "제 잘못입니다!"이다. 먼저 실수를 인정하라는 뜻이다. 공연히 고집 피우고 스스로를 합리화하느라 잘못을 키우지 말고 잘못을 인정하라는 것.

혹시 오늘 누군가가 따돌림을 받을 때 외면했는가? 그렇다면 내가 침묵으로 그 따돌림에 동참했음을 인정하자. "제 잘못입니다!" 루시퍼의 유혹을 뿌리치는 최강 주문이다. 나는 이 말을 내 책상 앞에 붙여 놓았다.

4부

더 나은 내가
되고 싶을 때

뭔가를 놓치고 있다고
느낀 날

남들과 다른 것을 볼 때

남들과 다른 일을

할 수 있다

에이미 E. 허먼
《우아한 관찰주의자: 눈으로 차이를 만든다》

버려지는 비누로 생명을 구한 영웅

필라델피아를 여행 중이던 데릭 케욘고는 호텔 객실의 비누가 매일 새로운 것으로 교체된다는 사실을 알아차렸다. 어제 분명히 사용했던 그 비누 말고 새 비누가 비치된 것을 보았기 때문이다. 그렇다면 거의 새것이나 다름없던, 어제 사용했던 그 비누는 어디로 갔을까? 호텔에 문의한 결과 매일 교체되는 비누들은 그냥 쓰레기통으로 직행한다는 것을 알게 되었다.

그는 비누로 손을 제대로 씻기만 하면 예방할 수 있는 설사병으로 매년 200만 명이나 되는 사람이 죽어 가는 아프리카를 떠올렸다. 더 가슴 아픈 사실은 사망자 중 대다수가 어린아이라는 점이었다. 그의 고향에는 비누가 비싼 사치품이라 감히 손에 넣을 수가 없는 사람들이 많았다. 데릭 케욘고는 비누를 모아 제3세계로 보내는 '글로벌 솝 프로젝트'를 실행했다. 그는 100톤 정도의 비누를 재생해서 32개국으로 보내 수많은 사람의 생명을 구했다. 2011년 그는 CNN이 선정한 '영웅'들 중 한 명으로 세상에 알려졌다. 그가 보내준 비누 덕분에 수많은 생명이 살아났으니 그를 영웅이라 부르는 것에 아무도 의문을 제기하지는 않았으리라.

그냥 보는 사람과 제대로 보는 사람

케욘고가 호텔에서 버려지는 '새것이나 다름 없는' 멀쩡한 비누들을 본 첫 번째 사람은 아니었을 것이다. 그런데 왜 그 이전 사람들은 케욘고와 같은 일을 할 수 없었을까? 이 차이는 어디에서 오는 것일까?

케욘고 이전의 사람들은 그 비누를 '그냥' 보고 지나쳤을 뿐이지만, 케욘고는 그 상황을 '제대로' 보았다는 것이 차이를 만들어 냈다. 일상에서 마주치는 현상들을 그냥 지나치지 않고 제대로 보는 순간 많은 것이 달라질 수 있다. 케욘고는 남들과 다르게 보았고, 그래서 남들과 다른 일을 할 수 있었다.

우리는 깨어 있는 동안 계속 무언가를 '본다'. 의식적으로도 보고 무의식적으로도 본다. 보는 행위는 너무나 자연스럽게 이루어져서 우리는 우리가 보고 있다는 사실을 알아차리지 못할 때도 많지만, 그런 순간에도 우리는 보고 있다. 《우아한 관찰주의자》(문희경 옮김, 청림출판, 2017)는 온종일 이루어지는 '본다'는 행위를 찬찬히 돌아보도록 이끈다.

에이미 E. 허먼의 이력은 매우 독특하다. 그는 미술사가이면서 변호사인데, 의대생들의 관찰 기술 향상을 위한 프로그램을 만들고 적용해

왔으며, 의사들에게 환자를 제대로 보는 법을 가르치고, 경찰에게 사건을 제대로 보는 법을 가르친다. 에이미 E. 허먼에 따르면 우리는 제대로 보는 것만으로도 많은 문제를 해결할 수 있다. 실제로 허먼으로부터 보는 법을 배운 결과, 의사들은 환자들의 증세를 더 잘 포착했으며, 경찰들은 사건을 더 잘 해결할 수 있었다.

오늘날에는 잘 보는 법을 알면 살아남아 번창할 수 있다. 남이 못 보는 것을 보는 법, 있어야 하는데 없는 것을 보는 법. 기회, 해결책, 경고신호, 가장 빠른 길, 탈출구, 성공 등을 보는 법. 무엇이 문제인지 보는 법! (24~25쪽)

우리가 놓치는 많은 것

우리의 지각은 아주 선택적이고, 우리가 무언가에 주의를 빼앗기면 바로 눈앞에 있는 무언가를 보지 못하는 일이 벌어진다. 대화 도중 간간이 스마트폰을 보고 있으면, 우리는 대화도 하고 스마트폰도 보고 있다고 생각할지 모르지만, 사실은 대화의 어떤 부분을 놓치고 있다. 많은 학생이 공부를 하면서, 동시에 다른 어떤 것을 한다. 그러면서 꿩 먹고 알 먹는다고 생각할 수 있겠지만 실은 무언가 중요한 것을 놓칠 가능성이 높다.

'무주의 맹시'라는 현상을 증명하는 유명한 실험이 있다. 1970년대에 이루어진 비디오 실험인데, 연구자는 실험대상자에게 우산을 든 여자가 농구공을 패스하는 학생들 사이를 지나가는 장면을 보여 주면서, 패스가 몇 번 일어나는지 세어 보라고 한다. 놀라운 결과가 나왔다. 많은 실험대상자가 화면에서 우산을 든 여자를 보지 못한 것이다. 우산을 든 여자보다도 시각적으로 더 주목을 끌 수 있도록 고릴라 복장을 한 사람을 농구공을 패스하는 학생들 사이로 지나가도록 했을 때도 결과는 마찬가지였다. 많은 사람이 고릴라를 보지 못했다. 고릴라 복장을 한 사람은 아주 오랜 시간 화면에 등장했으며 심지어 카메라를 똑바로 응시하고 가슴을 두드리는 과장된 동작까지 했음에도 불구하고 그런 결과가 나왔다.

왜 이런 일이 일어났을까? 대부분의 사람은 연구자가 요구하는 대로 패스의 횟수를 헤아리는 데 몰두해 있었기 때문이다. 특정한 부분에 관심을 집중하느라 아주 뻔한 것도 보지 못하는 존재가 인간이다.

대충 보고, 일단 판단을 내리는 것은 때로는 아주 중요한 생존의 기술이 된다. 수렵시대로 거슬러 올라가 상상을 해 보자. 저 앞에서 키 작은 나무들이 수상쩍게 움직였다. 그렇다면 움직이는 나무 뒤에 위험한 맹수가 있을 수 있다. 이럴 때는 일단 도망가는 것이 상책이다. 이것저것 따지고 있을 시간이 없다. 이런 시절을 거쳐 살아남고 진화한 인간은 대충 보고, 일단 판단부터 내리는 유전자를 탑재하게 되었다.

남들과 다른 눈으로 보고, 남들이 보지 못한 것을 보는 능력을 통해서 훌륭한 일을 해낸 사람들의 사례를 따라가면서, 독자들의 궁금증은 커질 수밖에 없다. 나도 잘 보고 싶은데, 그러자면 어떻게 해야 하지?

관찰과 발견의 기술은 연습을 통해 향상된다

어떻게 해야 잘 볼 수 있을까? 저자의 주장에 따르면 누구나 다양한 분야에서 위대한 업적을 이루는 데 필요한 관찰과 발견의 재능을 타고나지만, 그전에 우선 볼 준비를 해야 한다. 다행히 이것은 연습으로 가능하다.

에이미 E. 허먼의 보는 법 강의는 주로 미술작품들을 중심으로 이루어지는 듯하다. 이 책에는 우리도 잘 아는 여러 점의 그림이 등장한다. 우리는 허먼이 이끄는 대로 그림을 보면서, 그림 속에서 수많은 것을 발견하고, 그것을 통해 아주 많은 것을 알아차린다.

이 책에 나오는 그림을 재현했다. 그림에서 당신은 무엇을 보았는가? 기차? 시계? 벽난로? 거울? 꼼꼼히 그림을 들여다보면 우리는 아주 많은 것을 그림에서 찾아낼 수 있다. 그런데 혹시 이런 것도 발견했나? 촛대에 양초가 꽂혀 있지 않다는 것. 기차 아래 선로가 없다는 것. 벽난로에 불이 없다는 것. 허먼은 있는 것을 알아차리는 것이 중요하지만, 없는 것을 알아차리는 것도 중요하다고 이야기한다.

책의 앞부분을 읽을 때는 그림을 대충대충 보아 넘기지만, 책을 읽어나가면서 보다 꼼꼼하게 그림을 보는 자신을 발견하게 될 것이다. 책을

읽는 사이, 제대로 보는 법이 향상되는 것이다.

셜록 홈스는 제대로 보는 것으로 유명한 주인공이다. 그의 친구 왓슨이, 왜 자신이 뻔한 것을 못 보고 넘어갔는지 모르겠다며 한탄하자 셜록은 친구에게 이렇게 말한다. "자네는 보기는 하지만 관찰하지는 않아."
실제로 셜록은 사건이 일어났던 날 '아무 소리도 들리지 않았다'는 말에 주목하여 사건을 해결하기도 한다. 왜 아무 소리도 들리지 않았을까? 그 상황에서 왜 개가 짖지 않았지? 이게 사건 해결의 실마리가 되

었다.

매일 스쳐 지나가는 수많은 장면 속에, 내 인생에 필요한 아주 중요한 것이 숨어 있을지도 모른다. 어떤 경우에는 숨은그림찾기에서처럼 아주 은밀하게, 어떤 경우에는 앞에서 말한 실험 속의 고릴라처럼 버젓이. 내가 발견해 주기만을 기다리면서 말이다. 오늘부터라도 이 책과 함께 제대로 보는 연습을 해 볼 일이다. 일단 무턱대고 "엄마, ○○ 어디 있어?"라고 묻기부터 하는 습관을 버리고 스스로의 눈으로 찾아보기를.

읽어도 제대로 읽은 것
같지 않은 날

앞 선 이 야 기 가

새 로 운 이 야 기 를

만 들 어 낸 다

토마스 C. 포스터
《교수처럼 문학 읽기: 작가는 굳이 말하지 않았고,
독자는 달리 알 길이 없었던 문학 속 숨은 의미 찾기》

완전히 새로운 것은 없다

우리는 지금까지와는 전혀 다른 이야기를 만났을 때 신선한 충격을 받는다. "지금까지는 없었던" "최초의" 이야기들에 매혹되는 것이다. 영화나 드라마에서 만나는 상상을 초월한 반전에 "헉!" 하며 숨을 멈추기도 하고, 난생처음 마주치는 소설 속 캐릭터 앞에서 흥분을 느끼기도 한다. 당연한 일이다. 인간이란 원래 이야기에 매혹되도록 설계된 존재라서 더 재미있는 이야기에 매혹되는 것은 자연스러운 일이니까. 친구가 당신이 이미 아는 이야기를 계속 되풀이해서 이야기하는데도 마치 처음 듣는 이야기인 듯 들어 줄 수 있다면, 당신은 그 친구를 무지하게 사랑하고 있는 거다. 우리는 새로운 이야기를 갈구한다.

이게 당연한 줄 알았다. 그런데 토마스 C. 포스터는 조금 다른 이야기를 한다. "완전히 독창적인 이야기는 절대 존재하지 않는다"라고. 무슨 소리? 인터넷에만 접속해도 매일 새로운 웹툰, 새로운 웹소설이 올라오고 있고(물론 그게 다 재미있다는 말은 아니다), 서점에는 매일 신간들이 쌓인다. 새로운 영화가 매일 개봉된다. 그런데 새로운 이야기가 존재하지 않는다고?

흥분을 가라앉히자. 포스터는 '새로운 이야기가 없다'고 이야기하지 않았다. '완전히 독창적인 이야기가 없다'고 이야기했을 뿐. 우리의 심금을 울리는 수많은 이야기는 새롭게 창작되었으나 독창적인 것은 아니라는 말이다. 포스터에 따르면 앞선 이야기들을 변형하고 다르게 조합하여 새로운 이야기가 만들어진다.

이야기들은 모두 다른 이야기들로부터 왔다

어느 날 아침 잠에서 깨어난 한 남자가 곤충으로 변해 버린 사건으로 시작하는 이야기를 아는가? 프란츠 카프카의 《변신》이다. 이 놀라운 설정의 소설은 발표되었을 때부터 지금까지 수많은 사람의 영혼을 사로잡아 왔다. 그런데 이런 구조의 이야기는 처음이 아니다. 고대 로마의 시인 오비디우스는 최소한 2000년 전에 《변신 이야기》를 통해 이런 구조의 이야기를 발표한 바 있다. 오비디우스조차도 원래 있던 이야기를 정리하고 다듬은 것이 《변신 이야기》라는 걸 감안하면 우리의 놀라움은 커질 수밖에 없다.

'갑작스럽고 충격적인 변신'이라는 설정은 그 이후로도 수많은 이야기 속에서 되풀이되었다. 현빈을 오늘의 현빈으로 만들어 준 유명한 드라마 〈시크릿 가든〉도 변신 이야기이다. 〈시크릿 가든〉 남자주인공과 여자주인공은 어느 날 서로의 몸이 맞바뀌어 버린다. 현빈의 몸에는 하지원의 영혼이, 하지원의 몸에는 현빈의 영혼이 자리를 잡게 된 것. 애니메이션 〈하울의 움직이는 성〉은 18세 주인공 소피가 마녀의 마법에 걸려 갑자기 90세 노인이 되면서 벌어지는 이야기이다. 갑작스럽고 충격적인 변신을 다룬 또 다른 이야기들의 목록을 우리는 밤이 새도록 이야기할 수도 있을 것이다.

원정에 대한 이야기도 있다. 주인공들은 길을 떠난다. 이 주인공들의 공통점은 별로 영웅 같지 않아서 주인공으로 적합해 보이지 않는다는 것이다. 이 별 볼 일 없는 주인공에게 과제가 주어진다. 과제는 "성배를 찾아라"와 같이 엄청나고 그럴듯해 보이는 것도 있지만, 때로는 "슈퍼마켓에서 빵을 사 와라", "라스베이거스에서 어떤 자를 처치하라"와 같은 것일 수도 있다. 그 과제가 무엇인지는 중요하지 않다. 주인공은 길을 나서고, 어려움에 봉착하고, 난관을 이겨 내고, 마침내 돌아온다. 원정을 마친 주인공은 과거와는 다른 사람이 되어 있다. 크건 작건 그는 성장했

고, 그런 점에서 그는 영웅이다.

　바리공주는 병든 부모를 위해 약을 구하러 이승과 저승을 넘나드는 모험을 떠나고, 해리 포터는 마법학교 호그와트에 입학하기 위해 집을 나선다. 《허클베리 핀의 모험》도 마찬가지다. 이 이야기들에는 ①탐구자(주인공) ②원정의 목적지 ③원정 중에 겪게 되는 도전과 시련 ④원정 장소에 가야 하는 진짜 이유라는 공통 요소들이 있다. 중세 유럽의 기사 이야기들이 모두 이런 구조를 가지고 있으며 세르반테스의 《돈키호테》나 톨킨의 《반지의 제왕》은 이런 원정 이야기를 최고의 경지로 끌어올린 작품들이다.

이야기를 읽는 새로운 재미

이 책의 부제는 "작가는 굳이 말하지 않았고, 독자는 달리 알 길이 없었던 문학 속 숨은 의미 찾기"이다. 토마스 C. 포스터는 영문학 박사이면서 문학평론가로 활동하는 사람인데,《교수처럼 문학 읽기》(손영미·박영원 옮김, 이루, 2018)를 통해 그의 장사 밑천을 독자에게 고스란히 내놓는다. 유명 맛집의 레시피를 얻기 위해서는 그에 합당한 비용을 지불하고 그 식당에서 일을 해 가며 배워야 하는데, 문학작품을 제대로 읽는 방법을 알기 위해 약간의 책값과 몇 시간의 독서로도 충분하니, 이 책을 읽을 이유는 충분하지 않은가? 그야말로 '남는 장사'인 것.

지금까지 계속해서 반복되는 이야기들의 원형을 제공하는 작품들을 우리는 '고전'이라고 부른다. 포스터가 영문학에서 계속 반복되는 원형으로 제시한 고전들은 우리도 이미 아는 것들이다. 그리스 신화, 셰익스피어의 작품들, 성경. 다 아는 작품들, 그러나 제대로 읽은 사람들이 아주 드문 그 작품들 말이다. 이런 작품들에 도전하는 것은 너무 어려운 일이라며 지레 겁을 먹고 포기할 필요는 없다. 대다수의 독자가 알고 있어서 작가가 작품을 쓸 때 비교 또는 비유를 하거나 줄거리를 짤 때 이용할 만한 작품이 또 있으니까. 게다가 만만하기까지 하다. 바로 동화이다. 동화는 아주 중요한 고전이다. 신데렐라, 백설공주, 콩쥐 팥쥐를 무시하면 곤란하다.

이제 문학작품을 읽는 재미가 늘었다. 재미있는 이야기는 그 자체로서도 훌륭하다. 하지만 이야기의 배경과 유사한 날씨나 장소가 있는지를 떠올려 보거나 주인공의 상황이 유사하게 펼쳐지는 다른 이야기들을 찾아보려고 애쓴다면 우리는 그 작품들을 더 많이 즐길 수 있다. 포스터는 고전을 변형시킨 문학작품에 대해서만 이야기하지만, 우리는 이 방법을 영화나 드라마, 만화, 게임 등으로 확장하여 적용해 볼 수 있을 것이다. 요즘 완전히 빠져 있는 게임이 있다면 그 게임의 설정이나 스토리가 어떤 이야기로부터 왔을지 곰곰 따져 보면 또 다른 재미를 느낄 수 있다. 대부분의 롤 플레잉 게임은 주인공이 원정을 떠나서 도전과 시련을 거쳐 과제를 완수하는 구조로 되어 있다. 익숙하지 않은가? 바리공주, 허클베리 핀, 해리 포터가 거쳐 갔던 경로이다.

　여기서 놓치면 안 되는 중요한 사실 하나. 완전히 독창적인 이야기는 없다는 것이 의미하는 바가 무엇일까? 새로운 이야기를 만들어 내고 싶다면 알고 있는 이야기가 많아야 유리하다. 이왕이면 잘 짜인 이야기가 좋겠지. 많은 이가 따라 하는 잘 짜인 이야기를 우리는 고전이라 부른다. 부디 그대가 고전과 친해지기를.

읽어도 제대로 읽은 것 같지 않은 날

멋진 미래를
상상하고 싶은 날

이야기를 가진 사람,
친구를 초대할 수 있는 사람이
부자야

롤프 옌센 《미래 경영의 지배자들:
4차 산업혁명 시대에 상품과 시장의 변화를 예측하는 지침서》
우치다 타츠루 《혼자 못 사는 것도 재주:
리스크 사회에서 약자들이 함께 살아남는 법》

미래가 궁금해

우리는 늘 우리 앞에 펼쳐질 미래가 궁금하다. 어떤 미래인지 알 수만 있다면 많은 문제가 수월하게 해결되리라. 미래 사회에 각광받을 수 있는 직업을 선택하고, 미래의 소비자가 열광하는 상품을 생산하고, 미래의 독자에게 사랑받을 만한 책을 쓸 수도 있을 것이다. 손금을 볼 수도 있고 타로 카드에게 물어볼 수도 있겠지만, 가장 확실한 방법은 책을 읽는 것이 아닐까?

미래를 예측하는 담론 가운데 우리에게 가장 널리 알려진 것은 엘빈 토플러의 '제3의 물결'일 것이다. 인류는 농업 혁명, 산업 혁명을 거쳐 발전해 왔고, 그것이 제1의 물결과 제2의 물결이라면, 인류의 역사를 새롭게 바꾸어 낼 제3의 물결은 정보 혁명이 되리라는 예측은 교과서에도 실릴 만큼 친숙한 이야기가 되었다.

그다음에는? 롤프 옌센은 "정보 혁명의 태양이 지고 있다"라고 과감히 선언한다. 정보 사회의 차가운 논리와 기술적이고 합리적인 사고가 언제까지나 계속되는 것은 아니라며, 정보 사회 이후의 세상을 논한다. 그가 주장하는 앞으로의 세상, 혹은 이미 우리 곁에 와 있는 세상은 '드림 소사이어티'다. 드림 소사이어티란 '기업, 지역사회, 개인이 데이터나 정보가 아니라 이야기를 바탕으로 성공하는 사회'를 말한다. 그의 이야기는《미래 경영의 지배자들》(서정환 옮김, 리드리드출판, 2017)에 담겨 있다.

드림 소사이어티에서는 이야기를 가진 사람이 부자이다

드림 소사이어티에서 중심이 되는 시장은 감성시장이다. 감성시장은 모험 판매, 연대감, 친밀감, 우정 그리고 사랑을 위한 시장, 관심의 시장, '나는 누구인가' 시장, 마음의 평안을 위한 시장, 신념을 위한 시장 등의 형태를 가지고 나날이 발전한다. 다시 말해 상품에 얽힌 이야기가 중요해지는 시장이다.

소비자들은 빵을 굽고 음식을 보관하기 위해 토스터와 냉장고를 찾을 테지만, 어떤 상품을 구매할지를 결정할 때 그 상품에 담긴 '이야기'가 가장 결정적인 요소로 부각되리라고 롤프 옌센은 예측한다. 기술력은 날로 발전하고 있고, 우리가 구매하는 상품의 기술 수준은 거의 모두 최상급이다. 여기서 다른 상품과의 차별화를 가져오는 것은 그 상품에 담긴 '이야기'라고 한다. 잘 생각해 보면 우리는 이미 '이야기'를 구입하고 있다. 예를 들어 아이폰을 선택할 때, 우리는 스티브 잡스와 얽힌 여러 이야기를 생각하며, 그 이야기에 담긴 가치를 선택한다. 탐스 슈즈를 구입할 때, 우리는 그냥 신발을 구입하는 것이 아니라 그 신발에 담긴 이야기를 선택한다. 내가 한 켤레의 신발을 구입할 때, 가난해서 맨발로 다니는 지구 반대편 아이에게 신발을 선사할 수 있다는 기쁨을 함께 구입하는 것이다.

과거에는 가난이 물질적인 결핍을 의미했지만, 드림 소사이어티에서는 이야기의 결핍을 의미한다. 선진국의 80퍼센트 정도의 가정이 필수적인 욕구를 만족시킬 여유가 있는 현재에 이르러서는 물질적인 부만으로 풍요를 이야기하는 것이 무의미해진다. 비싼 옷을 구입할 수 없는 사람이 가난한 사람이 아니라, 자신이 입는 옷을 통해 자신을 표현할 수 없는 사람이 가난한 사람이다. 드림 소사이어티에서는 자신이 말하고 싶어 하는 자신의 이야기를 정확하게 표현할 수 있는 사람이 부자이다.

앞으로의 세계에서는 다음과 같은 직업들이 생겨나고 중요한 직업으로 부상한다고 롤프 옌센은 예측한다.

마음과 기분 담당 이사, 침착한 사람들 초빙 담당 이사, 문화팀 반장,

멋진 미래를 상상하고 싶은 날

상상 전문 최고 경영자, 진보 부장, 가상현실 전도사, 기업 미래 담당 이사, 메신저 챔피언, 창조사, 신선함 담당 부장, 무형자산 평가사, 지적 자본 담당 이사, 이야기꾼 실무자, 사회공학자, 구상가, 대표 상연자, 법정 광대….

이 목록들을 보면 어떤 생각이 드는가? 지금 사회가 중요하게 여기는 것을 내일도 중요하게 여기지 않을 수 있다는 것, 또 앞으로 도래할 사회는 지금과는 다른 능력들을 중요하게 평가하리라는 것을 조심스럽게 전망할 수 있을 것이다. 이야기를 만들어 내는 힘, 이야기를 훌륭하게 펼쳐 내고 엮어 내는 힘, 다른 사람이 자신의 이야기를 잘 만들어 내도록 도와주는 역할, 이런 덕목들이 중요해질 것이다.

행복과 즐거움을 회사에 퍼뜨릴 수 있는 능력. … 도움이 필요한 동료들을 도우라. 사회적 능력은 항상 높이 평가되었지만, 지금처럼 결정적인 역할을 한 적은 없었다. (189쪽)

혼술·혼밥을 권하는 시대, 위험하다

'혼술', '혼밥'이 트렌드를 넘어 일상이 되었다. 혼자서 밥 먹는 것이 마치 왕따의 표식인 것처럼 질색을 하던 시대에서 당당하게 혼밥을 이야기할 수 있게 된 것은, 한편으로 보면 다양한 삶의 방식을 인정하고 존중한다는 의미에서 매우 긍정적인 변화라고 생각한다. 나 역시 휴일 아침에 혼자 영화 보러 가는 '혼영'을 즐기는 사람이기에 혼술, 혼밥이 뜨는 시절이 반갑기도 하다. 하지만, 혼술·혼밥 권하는 사회를 전적으로 반기지만은 못하는 이유는 이 유행의 배경이 짐작되는 까닭이다. 시간도 없고, 돈도 없고, 여유도 없는 요즘 사람들에게 구태여 번거롭게 관계를 만들려고 애쓰지 말고 혼자 밥 먹고 혼자 술 마시라고 권하는 이들은 누구일까? 혹시 1인 가구 시대를 앞세우며 더 많은 상품을 팔려는 기업은 아닐까? 우리가 서로 연대해서 사회적으로 힘을 발휘하는 것이 못마땅한 정치권력은 아닐까?

혼술·혼밥을 권하는 시대 분위기에 대한 의심을 키워 가고 있을 무렵 《혼자 못 사는 것도 재주》(김경원 옮김, 북뱅, 2014)라는 책을 만났다. 우치다 타츠루에 따르면 인간이 혼자 못 사는 것은 약점이 아니라 삶을 더

풍요롭게 만들 수 있는 재주이다. 일단은 '자립'과 '고립'을 구분해야 한다. '스스로 돈을 벌고, 밥을 짓고, PC를 연결하고, 오토바이를 수리하고, 방에 틀어박혀 혼자서만 놀고, 누구에게도 의존하지 않고, 누구도 자신에게 기대지 않게 하며 살아가는 인간'을 이 사회는 자립형 인간이라 부르며 칭찬하는 경향이 있지만, 그런 인간은 실제로는 자립해 있는 것이 아니라 고립해 있다는 이야기이다.

저자는 우리에게 조용히 물음을 던진다. 자기가 해야 할 일을 누군가 대신해 주면, 그렇게 해서 여분이 생기는 자원으로 다른 사람이 하지 않으면 안 될 일을 내가 대신해 줄 수 있는데, 그것이 더 즐거운 삶이 아니겠는가. 혼자서 할 수 있는 일을 두 사람이 함께하며 '당신 없이는 난 이 일을 해낼 수 없어'라는 메시지를 서로에게 보내는 것이 우리 삶을 더 풍요롭게 해 주지 않겠는가.

혼자 못 사는 재주를 타고났기에 서로 관계 맺고 협력하는 사회를 만들어 온 것이 우리 인간일진데, 왜 지금은 뭐든지 혼자 해야 한다고 이야기하는 세상이 되었을까? 누구에게도 신세 지지 않을 것이고, 실패의 책임도 다른 사람에게 전가하지 않겠지만, 그 대신 내가 획득한 것을 어느 누구와도 나누지 않는 것이 상식적인 삶의 방식이 되어 버린 것일

까? 우치다 타츠루에 따르면 이것은 사회가 '원자화'되었기 때문이다. 원자화란 시민들이 다양한 전통적 유대를 잃어버리고 사회에서 각자 따로따로 흩어져 버리는 것을 말하는데, 이런 원자화 경향을 잘 나타내는 말로 '자기실현', '자기 결정', '자기 책임' 등을 떠올려 볼 수 있다.

'어? 이 말들 다 좋은 말 아닌가?' 이런 의문이 생겨나는가? 다시 한 번 이야기하겠다. '자립'과 '고립'은 다른 것이다. 우리가 자립이라고 알고 있는 많은 삶의 형태가 실은 고립임을 기억할 필요가 있다.

당신 없이는 내가 살 수 없다

그렇다면 무슨 이유로 사회는 원자화되는가? 그것은 자본주의 경제 논리가 우리 삶의 곳곳에 파고들었기 때문이다.

고립해 있는 시민은 따로따로 혼자서 살기 때문에 집도 가재도구도 전부 하나씩 구비해야 합니다. 그러나 공동체를 꾸리면 셰어하우스도 가능하고 가재도구 또한 공유할 수 있습니다. … 자본주의 입장에서

볼 때 이런 일이 벌어지면 큰일입니다. (11쪽)

공동체의 형성이 저지되고, 사회가 계속 원자화되면서 우리는 끊임없이 불안한 처지에 내몰린다. 복지 제도는 위기를 맞았다. 평생을 보장하는 일자리는 사라지고, 함께 일터에서 일하는 동료들과의 경쟁을 부추기는 성과연봉제가 도입되고 있다. 그야말로 무한경쟁의 시대! 그러니 이 경쟁에서 도태되지 않으려면 친구고 뭐고 다 잊고 스스로 능력을 키워 스스로 살아남아야만 한다는 사회 분위기가 퍼져 나간다.

친구들과 함께 조촐한 모임이라도 해 보는 것은 어떨까? 친구들 모으려면 번거롭기도 하고, 돈도 있어야 한다고? 차라리 집에서 인터넷 게임이라도 하는 게 남는 거라고? 약간의 번거로움을 참으면 더 큰 행복이 기다리고 있을 테고, 돈을 쓰지 않고도 모임을 만들 방법도 분명 있을 것이다. 좋은 관계를 만들어 가는 것, 친구들을 위해 수고를 감당하는 것, 그게 진짜 자립이고 성숙한 인간으로 나아가는 첫걸음이다.

'당신 없이는 살 수 없다'라는 말은 '우리가 외부로 발신할 수 있는 가장 순도 높은 사랑의 말'이다. 이것은 연인끼리 배타적으로 주고받는 말이 아니다. 당신 없이는 살 수 없다고 할 때의 그 '당신'의 수가 많을수록 성숙한 인간이다. 또한 '당신 없이는 살 수 없다'는 말이 스스로의 무능을 드러내는 말도 아니다. 다른 이가 내게 꼭 필요한 존재이듯 나도 다른 이들에게 꼭 필요한 존재가 될 수 있으니 말이다. 우리는 이렇게 서로 기대며 살아가는 존재인 것이다.

사회는 구조적으로 우리가 관계를 맺어 나가는 것을 방해하고, 사람들은 관계 맺기에 점점 서툴러지고 있다. 하지만 우리는 원래 관계 맺기에 능숙한 종족이다. 오죽하면 '인간은 사회적 동물'이라고 하겠는가. 그러니 인간 종족으로 태어난 스스로의 능력을 믿고 과감히 친구들을 모아 보자. 모여서 웃고 떠드는 동안 우리는 우리만의 '이야기'를 찾아내게 될 것이다. 그것으로 충분하다. 21세기에는 그게 최고의 능력이다.

기적을
바라는 날

외로울 때
다른 외로운 존재를
돌아보라

주제 사라마구 《죽음의 중지》
**구본권 《로봇 시대, 인간의 일:
인공지능 시대를 살아가야 할 이들을 위한 안내서》**

영원히 죽지 않고 싶다는 꿈

드라마 〈도깨비〉는 수백 년을 살아 내는 남자주인공과 몇 번이고 다시 살아나는 여자주인공이 만들어 내는 이야기이다. 죽음으로도 그들의 사랑은 끝나지 않는다. 죽음으로도 그들은 서로를 잊지 않는다. 이 정도는 되어야 진짜 사랑이라 할 수 있으려나. 잘해야 수십 년을 사랑할 뿐인 우리 보통 인간의 입장에서는 한숨이 절로 나오는 이야기다.

불로불사는 인류의 오랜 꿈이었다. 꿈은 다양한 형태로 표현되었다. 진시황은 불로초를 구하기 위해 백방으로 사람을 보냈고 그들의 발자취가 지금도 제주에 남아 있다. 서귀포라는 지명은 '서복이 서쪽으로 돌아간 포구'라는 말에서 유래하는데, 서복은 진시황의 명을 받아 불로초를 구하기 위해 제주도로 파견되었던 관리이다. 천상의 복숭아를 따 먹고 불사의 몸이 된 《서유기》의 주인공 손오공 이야기도 우리에게는 익숙하다. 당연한 이야기지만 꿈은 꿈일 뿐이다. 죽지 않는 데 성공한 사람도 없고, 잊지 않는 데 성공한 사람도 없다.

주제 사라마구는 '만약 사람이 죽지 않는다면?'이라는 인류의 오랜 상상을 소설 《죽음의 중지》(정영목 옮김, 해냄, 2009)에서 구현한다. 우리는 상상이 현실이 되었을 때 벌어질 일들이 그리 바랄 만하지 않다고 깨닫는다.

다음 날 아무도 죽지 않았다

다음 날 아무도 죽지 않았다.

《죽음의 중지》는 이렇게 시작한다. 갑자기 '죽음'이 자기 일을 중단한 것이다. 사람들은 대대로 죽음에게 불만이 많았다. 왜 그토록 죽음은 예고 없이, 순서 없이, 부당하게, 예측할 수 없이 나타나는가, 라는 불만. 그러자 죽음이 이에 응답한다. 그래? 그게 불만이었어? 그럼 내가 일을 멈추지. 어떤 일이 생겨나는지 직접 체험해 보라고.

결과는? 죽음이 중지되었으나 노화도 질병도 부상도 중지되지 않았으므로 세상은 아비규환에 빠졌다. 병원은 죽지 못해 사는 환자들로 넘쳐나고, 양로원은 늙어도 죽지 않는 사람들로 인해 만원이 되었다. 차라리 죽음의 자비를 바랄 만큼 고통스러운 하루하루를 연명해 가는 사람들은 몰래 국경을 넘어 죽음을 맞이하러 떠나기도 한다(죽음은 이 나라의 영토 안에서만 중지되었을 뿐 다른 나라에는 영향을 미치지 않는 것으로 설정되었다).

장례 업계는 그야말로 된서리를 맞는다. 사정은 생명보험 업계도 크게 다르지 않다. 아무도 죽지 않는데 장례식이 있을 턱이 없으며, 생명보험도 필요하지 않다. 종교도 위기에 빠졌다. 죽음에 대한 두려움이 없으니 사후 세계를 약속하는 종교에 관심을 가질 이유가 없어졌다.

사회가 아무리 혼란에 빠져도 사람들은 어떻게든 살 방법을 찾는다. 가장 약삭빠르게 대응한 것은 마피아였다. 마피아는 죽음을 원하는 사람들을 죽음이 여전히 활동하는 다른 나라로 데려다주는 사업을 독점한다. 장례 업계는 반려동물의 장례를 법제화함으로써 회생의 길을 찾는다. 생명보험 업계는 80세까지 살면 일단 죽은 것으로 간주하고 보험금을 지급하는 방식으로 약관을 바꾸어 살아남는다. 이런 상상들을 따라가다 보면 죽지 않고 사는 일이 별로 반길 만하지 않다는 깨달음이 온다.

망각이야말로 인간을 인간이게 한다

불로불사까지는 아니더라도 인간이라는 생명체가 갖는 한계를 로봇을 통해 극복하려는 시도들이 보인다. 인공 장기가 개발되어 신체의 일부를 대체할 날이 멀지 않았다고들 한다. 그리고 시선을 돌려 보면 인공지능 로봇이 있다. 늙지도 죽지도 않고 잊어버리지도 않고 실수도 하지 않는 존재가 생겨난 것이다. 이미 로봇은 우리 생활 곳곳에 깊숙이 침투해 있다. 산업용 로봇이나 전투용·의료용 로봇은 이미 실용화되었다. 이착륙할 때를 제외하고는 실제로 비행기를 움직이는 것은 조종사가 아니라 기계라는 사실도 널리 알려져 있다. 감정 인식 로봇 페퍼가 이미 시중에 판매되고 있으며, 운전자 없이 달리는 자율주행차 역시 160만 킬로미터를 무사고로 달리며 성능을 입증한 바 있다. 어떤 사람들은 '미래에는 사람이 직접 차를 모는 것은 너무 위험하다는 이유로 금지될 수도 있다'라고 이야기한다. 사회 각 분야에서 인간의 일을 로봇이 대체하고 있으며, 의심할 여지 없이 그 분야가 점차 확대될 것이다.

《로봇 시대, 인간의 일》(어크로스, 2015)은 우리에게 질문한다. 인간보다 뛰어난 능력을 가진 기계가 출현하는 이 시대에, 인간을 인간이게 하는 것은 무엇일까, 기계로 대체될 수 없는 인간 고유의 능력이란 과연 무엇일까. 저자는 호기심, 질문하는 능력, 망각하는 능력을 이야기한다. 그리고 그 모든 것이 인간의 부족함, 불완전성, 결핍에서 나온다니 놀랍지 않은가.

　망각이 '능력'이라니! 공부한 것을 자꾸 잊어버려서 우리는 얼마나 고통을 겪는가. 기계처럼, 사진처럼, 복사기처럼 모든 것을 기억할 수 있다면 얼마나 좋을까 하는 생각을 누군들 해 보지 않았을까. 그런데 망각이 능력이라니. 《로봇 시대, 인간의 일》은 우리에게 데이비드 발다치가 쓴 《모든 것을 기억하는 남자》(황소연 옮김, 북로드, 2016)에 등장하는 기억력의 천재 세레세프스키라는 신문 기자 이야기를 들려준다. 세레세프스키는 수십 년 지난 일도 완벽하게 기억하는 놀라운 능력을 가졌지만, 그로 인해 과거의 고통스럽고 힘들었던 일이 너무 생생하게 떠오른다. 질 프라이스도 완벽한 기억력의 소유자이지만, 고통스럽고 생생한 기억 때문에 고통을 겪는다. 그들

은 모두 행복하지 않다. 잠자리에 누워 "내가 왜 그랬지?" 하며 이불킥을 해 본 경험이 있다면 이해하리라. 그런 기억을 모두 생생하게 가지고 살아야 한다면 삶이 얼마나 고통스러울까.

트라우마는 망각 시스템이 극단적으로 작용하지 않아 발생하는 병적 증상이다. 극도로 공포스럽고 고통스러운 기억이 사라지지 않으면 기억의 주인은 계속해서 극단적인 스트레스를 받는다. 다행히 우리는 잊어버린다. 듬성듬성 구멍이 뚫린 기억의 빈 자리를 다른 정보들로 채운다. 이 과정에서 어떤 것은 일반화되고, 어떤 것은 추상화되고, 어떤 것은 윤색된다. 그 빈 자리를 채우기 위해 창의력과 통찰력이 발휘되기도 한다.

과거의 경험을 추상화해서 요점만 기억함으로써 현재와 미래에 필요성이 낮은 정보는 뇌에서 삭제한다. 망각은 인간 기억 기능의 결함처럼 보이지만 사실은 추상화와 일반화를 가능하게 해서 창의력과 통찰력을 발휘하도록 하는 전략적 선택이다. (301쪽)

다른 사람들에 대한 기억도 차츰 희미해진다. 그 덕분에 상대에 대한 부정적인 감정도 같이 희미해질 수 있다. 다른 사람들이 나의 잘못을 잊어버려 주는 덕분에, 나는 계속 사회적으로 살아갈 수 있는 것이다. 망각 덕분에 우리는 용서하고 용서받는다. 완벽한 정보 저장 능력을 자랑하는 컴퓨터에 비하면 한없이 보잘것없는 나의 기억력. 그런데 그 망각의 능력이야말로 기계가 쫓아오지 못하는 인간 고유의 능력이라고 하니 마음이 편안해진다.

죽음을 멈추게 하는 기적

다시 《죽음의 중지》로 돌아가 보자. 죽음이 중지하면서 사람들이 고통스러워하자 죽음은 죽음을 일주일 전에 예고하는 예고장을 보내기 시작했다. 그동안 죽음에 대해 사람들이 품은 가장 큰 불만이, 죽음이 예고 없이 아무 때나 찾아오는 일이었으니 그 불만 사항을 해결해 주겠다는 것.

　어떤 일이 벌어졌을까? 만약 나에게 죽음 예고장이 날아든다면, 그리하여 100퍼센트의 확률로 내가 일주일 뒤에 죽을 것이라면? 이 글을 읽는 그대가 무엇을 상상하건 그보다 더한 일들이 벌어지며 세상은 더 혼란스러워진다. 그런데 죽음이 보낸 죽음 예고장이 계속 반송되어 돌아오는 일이 벌어진다. 죽음이 활동을 개시한 이래(다시 말해 인류가 지구에 존재한 이래) 죽음을 되돌려 보낼 수 있는 자는 아무도 없었다. 편지의 수신자는 중년의 독신 첼리스트였다. 늙고 고독한 어떤 남자. 죽음은 직접 이 사람에게 편지를 전해 주려고 마음먹고 지독히 매력적인 여자로 변신해서 이 남자를 찾아간다. 과연 편지를 전했을까?

죽음은 편지의 주인과 함께 침대에 눕는다. 이윽고 편지의 주인이 잠이 들자 죽음은 침대에서 몸을 일으켜 자주색 편지를 꺼낸다. 그리고 부엌에 들어가 성냥을 켜서 편지를 태운다. 죽음이 가진 능력을 생각해 보라. 편지를 불태우기 위해 구태여 성냥을 켜고 직접 불을 붙이는 수고를 할 필요가 없는 존재이다. 그냥 편지를 슬쩍 보는 것만으로도 그 자주색 편지를 사라지게 하는 능력이 죽음에게는 있다. 그런데도 죽음은 가장 인간적인 방법으로 편지를 태우는 수고를 감수한다. 그리고?

죽음은 침대로 돌아가 두 팔로 남자를 안았다. 한 번도 잠을 잔 적이 없는 죽음은 잠이 자신의 눈까풀을 살며시 닫는 것을 느꼈다. 자신에게 무슨 일이 일어나는지 이해할 수가 없었다. 다음 날, 아무도 죽지 않았다. (279쪽)

왜 하필 이런 사람일까? 위대한 영웅도 아니고 엄청난 미남도 아니고 불세출의 천재도 아니다. 그냥 외로운 첼리스트. 왜 하필 이런 사람일까? 첼리스트의 외로움이 단서가 아닐까? 외로운 존재가 또 다른 외로운 존재를 만나서 그의 품에서 위안을 얻는 일은 죽음마저도 활동을 멈추게 할 만큼의 대사건이다, 라고 작가는 말하고 싶었던 것 아닐까?

생각해 보면 외롭지 않은 인간이 있을까? 형제가 많아도, 친구가 많아도, 애인이 있어도, 결혼을 해도, 자식을 낳아도, 사회적 성공을 거두더라도 인간은 늘 외롭다. 왜? 아무도 내 맘 같지 않으니까. 그러니까 외로움은 인간의 아주 독특한 존재 방식이다. 외로운 존재들끼리 만나서 부둥켜안는 것은, 그만큼 어마어마한 사건이다. 인간이 피해 갈 수 없는 숙명인 죽음마저도 잠시 숨을 멈추게 할 만큼.

나는 생각한다. 외로운 존재가 또 다른 외로운 존재를 만나 서로를 껴안는 일은 죽음마저도 멈추게 할 만큼, 그만큼 엄청난 일이라고. 한 번뿐인 삶, 어차피 죽음으로 끝날 이 삶. 죽음을 피하려 발버둥 치기보다는 내 옆에 있는 외로운 존재를 돌아보고 서로 안아 주라고.